人材不足を
この1冊で解決!

採用の強化書

社会保険労務士法人
中小企業サポートセンター 代表社員
宮本宗浩

KADOKAWA

はじめに
～正しい採用方法で採用難の時代を生き抜く～

唐突ですが、日本の求人・採用に関するクイズです。

Q1 「644万人」は何の数字をあらわしているでしょうか？

Q2 2021年12月時点でのIT技術職の新規求人倍率は何倍でしょうか？

Q3 求職者は①と②のどちらの求人にひかれるでしょうか？（週の労働時間は同じ）
①完全週休3日制（1日8時間45分労働）
②完全週休2日制（1日7時間労働）

Q4 次の2つの図は何をあらわしているでしょうか？（図の検索条件は同じ）

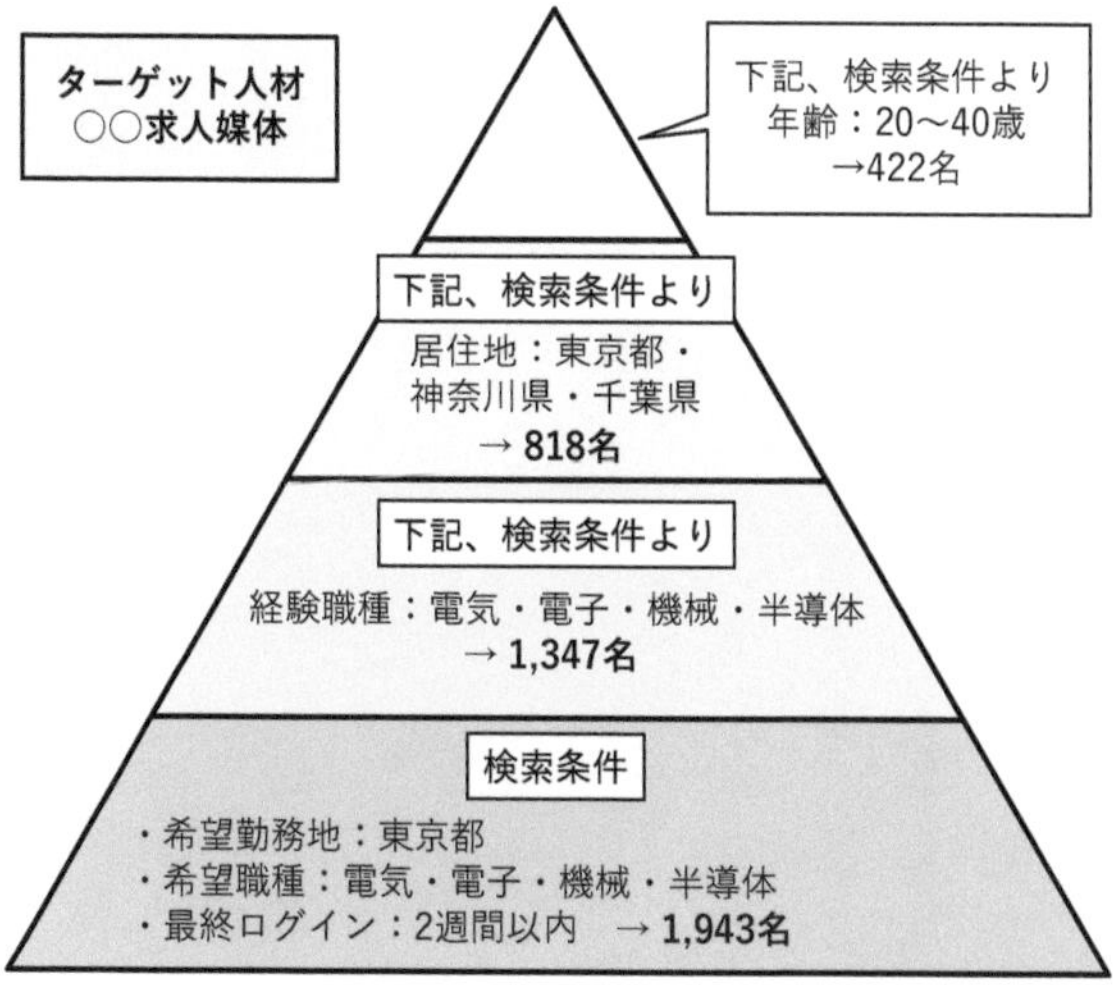
ターゲット人材
○○求人媒体
下記、検索条件より
年齢：20〜40歳
→422名
下記、検索条件より
居住地：東京都・
神奈川県・千葉県
→ 818名
下記、検索条件より
経験職種：電気・電子・機械・半導体
→ 1,347名
検索条件
・希望勤務地：東京都
・希望職種：電気・電子・機械・半導体
・最終ログイン：2週間以内 → 1,943名

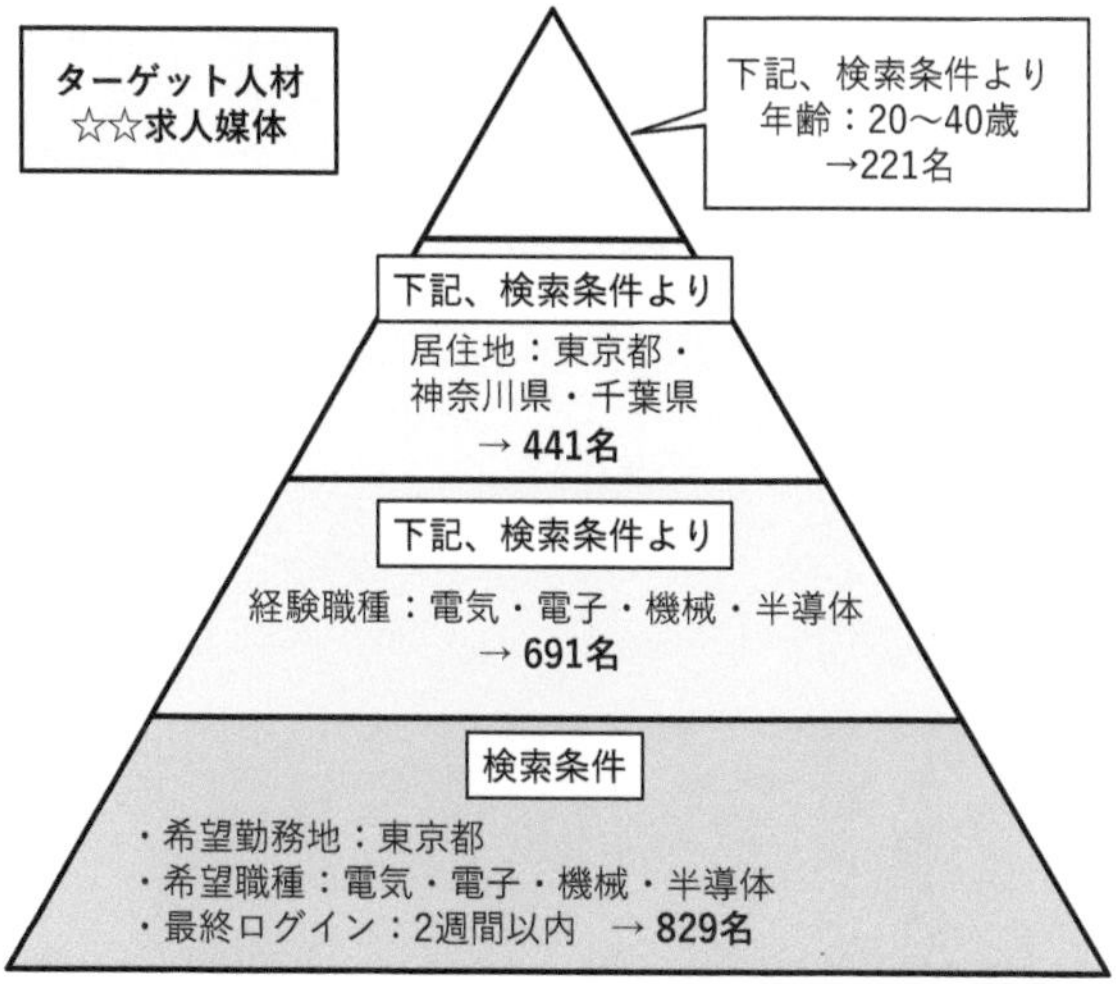
ターゲット人材
☆☆求人媒体
下記、検索条件より
年齢：20〜40歳
→221名
下記、検索条件より
居住地：東京都・
神奈川県・千葉県
→ 441名
下記、検索条件より
経験職種：電気・電子・機械・半導体
→ 691名
検索条件
・希望勤務地：東京都
・希望職種：電気・電子・機械・半導体
・最終ログイン：2週間以内 → 829名

Q1と**Q2**の答えは、

A1 **2030年における労働供給不足の人数**
（「労働市場の未来推計2030」（パーソル総合研究所）より）

A2 **10倍**
（2022年5月29日付「日本経済新聞およびdoda」より）

です。

皆さんは、**A1**と**A2**について、どう感じられたでしょうか。

「意外だな」と思った、「そうなのか」とはじめて知った、「ウソ！　そうなの!?」と驚いた、などさまざまな感想を持ったかと思います。

2030年には、実に644万人もの人手不足が発生すると想定され、**IT技術職に関しては新規求人倍率が10倍**と、すでに人材を奪いあう状況になっています。

実際、日本商工会議所および東京商工会議所の「人手不足の状況および多様な人材の活躍等に関する調査」（2023年7月18日～8月10日調査）によると、**「人手不足」と回答**

した中小企業は、実に約70％にのぼっています。

また、私たちが企業の経営者や採用担当者に独自でアンケートを取ったところ、**「計画以上に採用ができている」または「順調に採用できている」と回答した会社は、21％**でしかありませんでした（7ページ）。

採用活動において、すでに多くの会社が「厳しい」「難しい」との悩みを抱えていますが、しかし今後、採用がさらに難しい時代になるのです。

加えて、このまま人材の供給が不足すれば、求人の需要がさらに高まりますので、今まで以上に採用単価や採用コストが高騰していくことも予想されます。

「今でもこんなに苦労しているのに、より厳しくなるのか」

そう思われる方も多いことでしょう。少子高齢化が加速する日本においては、採用がどんどん厳しくなるのは当然の結果なのですが、しかし、今まさに採用難の状況にある皆さんにとっては、今起こっていることはおそらくはじめての経験であり、想定すらしていなかった状況に直面していると思います。

人材の奪いあいが起こっている日本社会で、今後、人材採用について会社としてどう舵取りをしていくのかは、大きな課題なのです。

次に、**Q3** の解答です。

A3 **大きくは変わりません。**

この回答をご覧になって、どう感じたでしょうか。

週休3日制は世間でも話題になっていて、これに魅力を感じる求職者はもっと多いと思われたのではないでしょうか。しかし、私たちで求職者にアンケートを取ったところ、次ページにあるように実際には6％程度しか違いがありませんでした。

それぞれの回答のおもな理由としては、

①完全週休3日制を選んだ人

「まとまった休日が多いほうが、ワークライフバランスを実現できるから」など

②完全週休2日制を選んだ人

「1日当たりの労働時間が短いほうが業務に集中できるから」など

企業の採用状況と求職者が選ぶ働き方

Q1　自社の採用計画に対しての採用状況を教えてください。

（企業向け・自社調査_2023年6月実施　n=644）

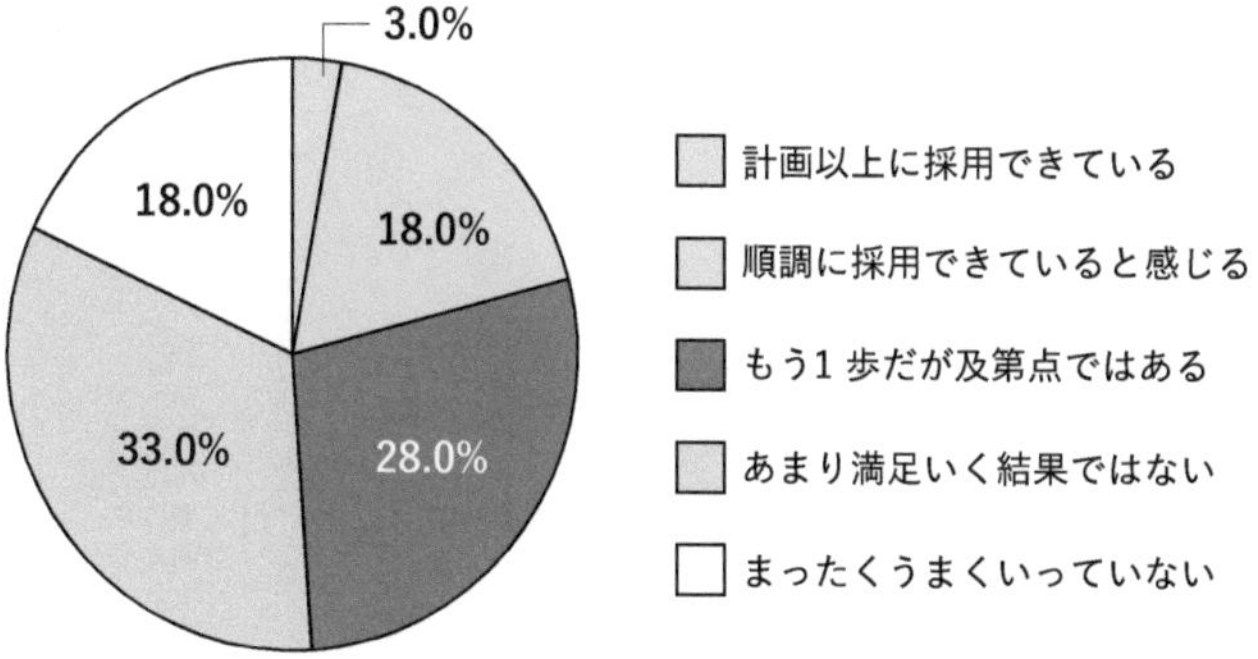

Q2　ご自身で働き方を選べるとしたらどちらの求人にひかれますか？

※週間・月間・年間の労働時間に違いはなし
（求職者向け・自社調査_2023年9月実施　n=933）

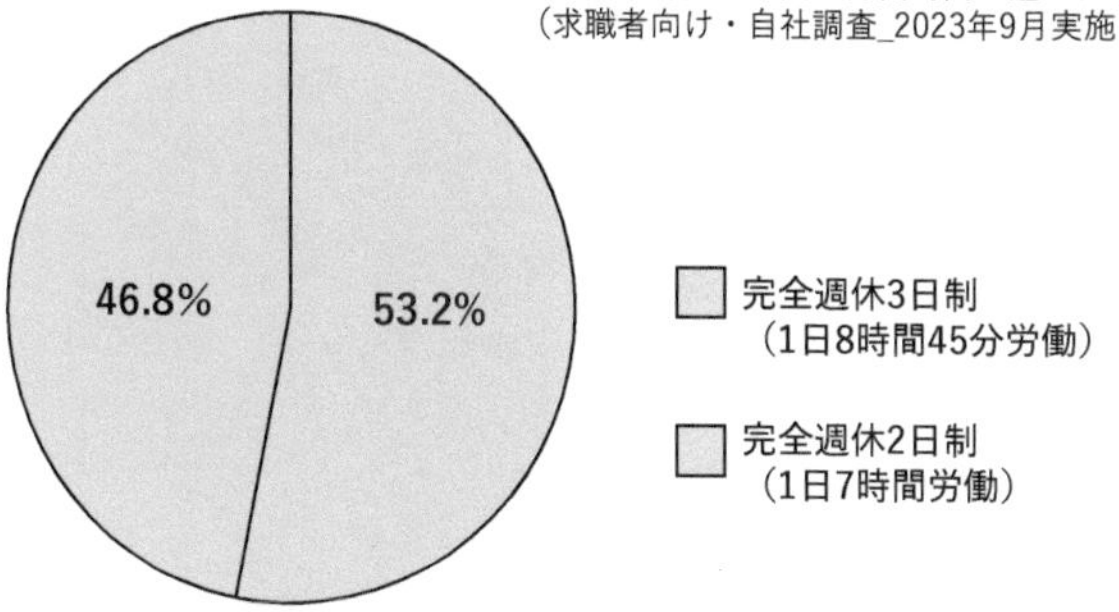

POINT　79%の企業は、順調に採用活動を進められていない。また、働き方・多様性の選択肢を設けて募集するだけでも、幅広く人材を集められる可能性がある。

でした。この結果には、働き方に対する価値観の違いがあらわれていますが、「働き方の多様化」には、リモートワークに見られるような仕事の仕方に関することだけではなく、労働時間や休み方も関わってきます。

週休3日も週休2日も、1日の労働時間には長短の違いがあるものの、週の労働時間は同じです。しかし、働き方の多様性という形で、求職者に対して休みの日数と労働時間の差異という部分で選択肢を設けて募集するだけでも、今よりも幅広く人材を集められる可能性があります。

昔、ある会社に、夜間作業をともなう業務があり、求人募集をかけたところ、まったく応募がありませんでした。そこで、思い切って業務を昼と夜に分け、昼のみの勤務と夜のみの勤務に変えて募集したところ、夜間勤務への応募がありました。夜間の業務は人と接する機会が少ないため、人と関わるのが得意ではない人が「夜勤だけなら働きたい」と応募してくれたのです。

働き方の選択肢を増やして提示したことで、人材募集に奏功した例といえます。

「そうはいっても、週休3日制という働き方をうちの会社で取り入れるのは難しい」

そう思われる方もいるかもしれません。

しかし、いずれのケースも「週の労働時間は同じ」です。それであれば、働き方の選択肢を増やす取り組みをすることは、決して難しくないのではないでしょうか。

人材採用においても、**「できない」と考えるのではなく、現在の会社の環境などにしっかりと向きあい、糸口を見つける努力をする**ことが肝要です。

続いてQ4の解答です。

A4 ターゲット人材がどのくらいその求人媒体にいるかを示しています。

こうした分析資料にもとづいて採用活動をしている会社もあると思いますが、これらの数値は、「ある媒体における、あるエリア・ある職種・あるタイミング」などでの実数値になります。

Q4の図は、階層ごとのターゲット人材がどのくらいその求人媒体にいるかをピラミッド型で示しています。

求人媒体によっては、こうした数値を公開していない場合も少なくありません。ですが、求人に際しては大事な数値になりますので、求人媒体に求人を出す際には、求人媒体会社に確認するとよいでしょう。

採用難の時代を乗り越えるための3つのポイント

労働人口の減少・有効求人倍率の上昇・働き方の多様化などによって、今まで以上に採用が難しくなるのではと不安に感じていると思います。

しかし、だからといって心配はいりません。

裏を返せば、採用活動において正しく適切に情報を得て、求人の選択肢を増やし、自社に興味を持ってもらうことに努めれば、これまでよりも採用人数を増やすことは可能です。

採用難の時代における採用活動のポイントは3つあります。

①自社の強みづくり　➡　組織課題の改善

②応募者数を増加させる　⬇　マーケティング力
③応募からの入社率を上げる　⬇　セールス力

これらについての具体策を本編で解説していきます。

正しい採用活動を行えば、採用をよりうまく進めることができ、今まで以上に強い組織に変わることができます。本書には、そのヒントがつまっています。

本書が中小企業の経営者、採用を担当する方々にとって、少しでもお力になれればこれほどうれしいことはありません。

社会保険労務士法人 中小企業サポートセンター　代表社員　宮本 宗浩

『人材不足をこの1冊で解決！ 採用の強化書』目次

CHAPTER 2

組織の見直しが生み出す採用力と組織力の向上

CHAPTER 3

人が「育たない」「定着しない」の改善方法

CHAPTER 4

中小企業にこそ求められる正しい採用戦略

CHAPTER 5

求職者に行うミスマッチ防止のための施策

本文デザイン・DTP／次葉
校正／エデュ・プランニング

CHAPTER 1

応募者数255％を実現した新たな採用手法

求人を出す際の効果的なポイント

☑ベストなタイミングは媒体のキャンペーン期間

人材を採用する際には、多くの場合、求人媒体に求人を出します。最初に、その際のポイントなどをお伝えしますが、まず知っておくべきことが2つあります。

①求人媒体には、スカウト配信可能数以外にも、潜在的にその数倍の登録者がいると理解する

②求人を出す媒体の掲載企業数を確認する

①に関しては、基本的に正確な求職者数は公開されていないことが多く、その場合、求

人媒体側から提示される数値は、「求人におけるスカウト配信（募集側が直接、求職者に連絡すること）が可能な数」になります。

そのため、**潜在的にはその数倍の登録者がいる**と考えるとよいです。

②に関しては、求職者数が多くても、掲載企業数が多いとライバルが多く、応募につながりにくいです。したがって求人を出す際には、その時点での掲載企業数を確認しましょう。1社あたりの求職者数が5～10人（求職者数÷掲載企業数）が理想的です。

人気・不人気業界、職種などの条件を変えれば異なる場合もありますが、50名以下の中小零細企業であれば、おそらくこの数字は、実際の応募者数と近い数字になります。

ちなみに1年間の求職者数の推移としては、次の時期に多くなる傾向にあります。

- **1～2月（新年度に向けて）**
- **6～7月、10～11月（夏・冬の賞与支給月前）**

したがって、このタイミングで求人を出すのがよいと思われがちですが、多くの会社が同じことを考えるため、求人媒体への掲載企業数も多くなる傾向にあります。

つまり、求職者が増える反面、ライバルも増えるということです。

そこで、求人を出す場合には、**求人媒体のCM・電車の中吊り広告などのキャンペーン時期を営業担当者に確認し、そのタイミングにあわせて求人を出す**ことをおすすめします。キャンペーンのタイミングで求職者の動きが活性化し、求職者の新規登録数や既存求職者のログイン数が増加する可能性があるからです。

☑ 些細でありながら簡単に応募率が高まる取り組み

利用する媒体を決めたあとは、**「掲載順位を上げていくこと」に加えて、「求職者へのアプローチ」**が重要となります。最近の求人媒体では、求人企業が求職者に直接アプローチできる「ダイレクトリクルーティング」などのサービスがありますが、そうした**スカウト配信などでメッセージを伝える際の担当者名は、社長にする**ことが大事です。

プロ野球を例にすると、ドラフト制度において球団は、自分たちがほしい選手を指名し、交渉権を獲得したあとは「ぜひとも我が球団に入ってほしい」と交渉します。このとき、誰がその選手にアプローチするかといえば、当然、チームの代表者である監督です。

これは、求人においても当てはまります。

野球の監督は、会社でいえば社長に当たり、**中小企業への転職希望者の多くは、社長との距離感を大事にしているケースが多い**です。そのため、一担当者からのメッセージと社長からのメッセージを比べれば、求職者に喜ばれるのは後者なのです。

些細なことと思われるかもしれません。でも、このような些細な取り組みの積み重ねが、スカウト配信の開封率や応募率を高めることにつながるのです。

また、採用活動をよりうまく進めるには、**社内の優秀な社員の採用活動への参画**も必要です。

多くの会社では、限られた人員で業務にあたっているため、優秀な社員は採用には関わらず「目の前の業務に励んでほしい」と考えがちです。

ですが、だからといって、たとえば求職者に自社の説明をする際に、それを経験の浅い社員に任せたのでは、会社や業務の魅力を正しく伝えることは難しく、会社にも求職者にも有益な内容にはなりにくいです。

そして採用活動には、**新入社員の教育担当になりうる社員にも参画**してもらいます。採用に携わったことで入社後の教育にも気持ちが入るため、好影響をもたらします。

会社と求職者で行う双方向のリファレンス

自分を背伸びしてよく見せてもいい未来はない

唐突ですが、結婚相談所に相談しながら結婚相手を探しているとします。

結婚相談所で紹介を受ける際には、最初にこちらの素性や相手に希望すること（趣味やタイプなど）などを伝えます。そして、自分の希望にあう方がいた場合に、その方について「理想のタイプ」や「どのような価値観や趣味を持っているか」などを教えてもらいます。相手のプロフィールなどの情報ももらうかもしれません。また、同時に自分がどんな人物であるかも、同じように結婚相談所から相手に知らされることと思います。

そしてお互いに「会ってみたい」となると、結婚相談所を介して顔をあわせ、実際に交際を進めるかどうかを検討します。結婚相談所を通じて、お互いの情報を入手し、引きあわせてもらい、気があえばお付き合いに進むというわけです。

ところがこのとき、カップルとして成立する率を少しでも高めるために、自分のことを背伸びして伝えていたら、どうでしょうか。

「本当の年収は400万円だけど、よく見せるために500万円にしておこう」

「本当は料理が得意ではないけど、趣味は料理ってことにしておこう」

などです。結果的にこの背伸びした情報にもとづいてカップルとして成立し、お付き合いがはじまっても、その先に明るい未来はあるでしょうか。


会社の採用でも同じことがいえます。

労働条件や会社案内でアピールされているような表面的な内容を伝えるだけでなく、**会社と求職者の双方が、事前に情報（真実）をさらけ出す**ことが大事なのです。

これを本書では**「リファレンスリクルート」**と呼びます。

リファレンスには「言及」「参照」「出典」などのさまざまな意味がありますが、採用活動では、「会社と求職者の双方が情報を開示する」ことをいいます。

具体的な内容は次の2つです。

①在籍社員が感じている生の声などを求職者に開示

- サービス残業の実態
- ハラスメントの有無
- 頑張りと給与の連動性

など、さまざまな項目に対して従業員にアンケートを取り、その情報を求職者に開示します。本書では、このように社員の生の声を聞くことを**「組織内分析（組織リファレンス）」**といいます（詳細はCHAPTER 2で解説）。

②履歴書や面接だけでは把握できない求職者の情報を得る

「入社後、この求職者は本当に活躍してくれるのか」は、面接だけでは判断がつかないことが多々あります。そこで、面接だけではわからない「前職での求職者の働きぶりなど」を、求職者から同意を得たうえで取得します。本書では、この情報収集を**「バックグラウンドチェック（求職者リファレンス）」**といいます（詳細はCHAPTER 5で解説）。

ミスマッチを防ぐ「リファレンスリクルート」

①組織内分析（組織リファレンス）

組織の実情について社員などにアンケートを取る
→その情報を求職者にも開示する

＋

②バックグラウンドチェック（求職者リファレンス）

前職での求職者の働きぶりなどを確認
→情報をふまえて採否を検討する

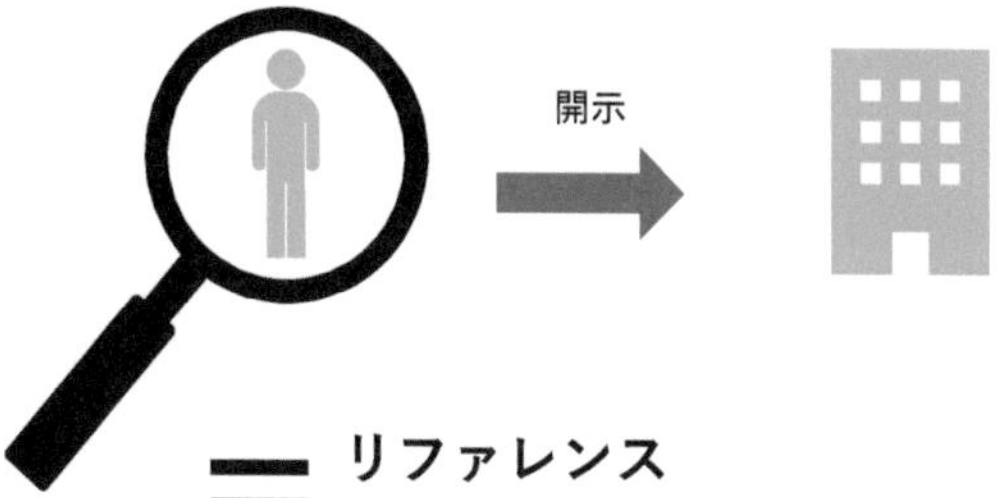

＝ リファレンスリクルート

POINT 双方向の情報開示により「ミスマッチ防止」につなげ、定着率が上がり、人材不足を解消する。これにより強い組織に変わっていく。

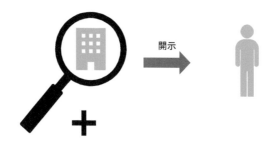

会社側は組織内分析を行い、その結果を求職者へ開示します。それにより求職者は、広告媒体に掲載されている一般的な情報（労働条件や職務内容など）だけでなく、その会社で実際に働いている社員の生の声などを見て、応募するかどうかを判断できます。

一方で会社側は、求職者の前職での働きぶりなどのバックグラウンドをヒアリングして、選考の参考材料とします。

つまり、会社と求職者とで、「双方向のリファレンス」（お互いに知りたい情報の開示・取得）を実施するのです。

リファレンスリクルートでとくに大事なのは、**会社の組織内分析の情報などを求職者に開示する**ことです。これにより、応募者数が255％になった事例があります。

採用においては、応募者をいかに増やすかが成否のカギで、そのための手法の1つがリファレンスリクルートなのです。とはいえ、これは決して難しいことでも裏ワザ的なことでもありません。すぐにでも、どの会社でもはじめられることです。

組織内分析の情報を開示してライバルに差をつける

求職者が興味を持っている組織の実態

リファレンスリクルートの概要をお伝えしたところで、興味深いデータをお見せします（27ページ）。私たち独自の調査結果ですが、**「組織の実態を知る」が求職者の興味のある内容**だということがわかります。

先ほど、「会社の組織内分析の情報などを求職者に開示したところ、応募者数が255%になった会社がある」とお伝えしましたが、このデータからも、組織の実態を開示することで高い応募効果が得られることがわかっていただけると思います。

ところが、これまで私たちはのべ1500社以上の会社の労務や人事などをサポートしてきましたが、採用において組織の実態を開示する取り組みをしている会社は、ほとんど見たことがありません。また、これまでの話から組織内分析の有効性を感じたとしても、「自社の組織内分析を開示することなんてできない」と思われるかもしれません。実際にそうした声も聞かれます。

しかし、もう1つの私たち独自の調査結果（29ページ）をご覧いただくとおわかりいただけますが、実際には**「3社に2社（65%）は開示してもよい」**と回答しています。

ライバルに遅れを取らないためにも、ぜひとも組織内分析とその開示にチャレンジして、応募者数の増加を目指してもらえればと思います。

企業価値をあらわす人的資本経営と組織内分析の関係

今の社会では、**「人的資本経営」**が重要視されつつあります。

人的資本経営とは、**人材を資本ととらえ、その価値を最大限に引き出すことで企業価値の向上と企業パフォーマンスを上げていく考え方**です。人と組織の見える化と、その内容の開示を進めることなどがこれにあたります。

人的資本経営を進めることも企業価値として重要視されています。**「いい会社」なのか**

求職者が求めている会社情報の開示

Q1 転職希望先の賃金・残業・人事評価・ハラスメントなどの実態について、転職希望先で現在働いている人のアンケート結果を見てみたいと思いますか？

（求職者向け・自社調査_2022年2月実施　n=811）

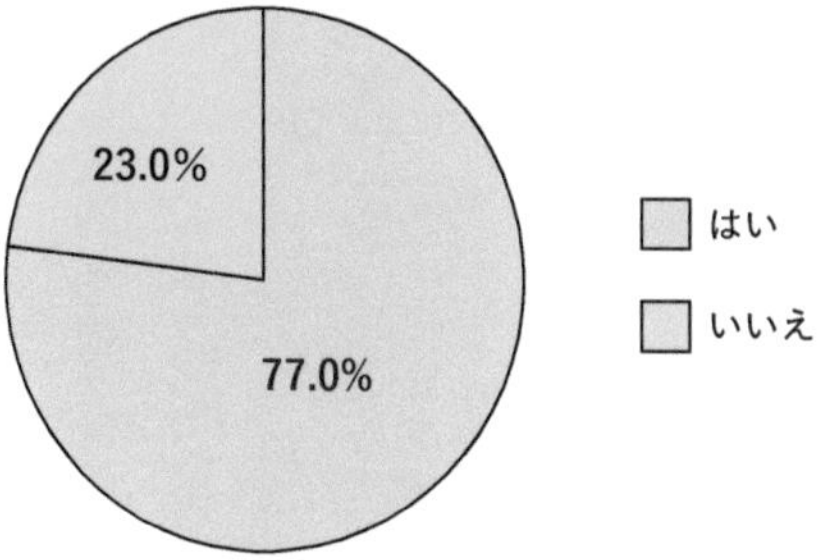

Q2 働いている人の生の声※を面接前に見られる会社は応募意欲につながりますか？

※給与制度・評価制度・働き方・残業時間などの組織の実態
（求職者向け・自社調査_2022年12月実施　n=1,119）

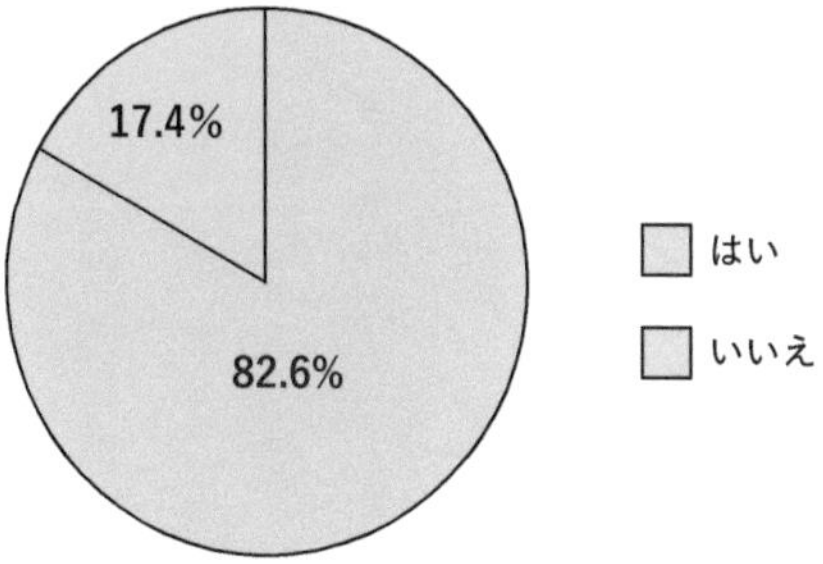

POINT 求職者が知りたいと考える組織の実態を開示することで、求職者の応募意欲を高めることができる。

を判断する指標になるからです。株主や金融機関などのステークホルダーは、その会社が今後発展していくかどうかを見極めるうえで、人的資本経営を推進しているか否かも、指標のひとつとしています。そして、求職者も同様の視点で企業を見ていく傾向になっていくでしょう。

組織内分析の開示も人的資本経営の一部になりえます。組織内分析を実施して浮かび上がった問題点に対し、どのように対応するかは人的資本経営の推進にもつながるのです。

「社内環境がよくないために開示できないのであれば、まずは社内を整える」

「社内が整ったのであれば、その情報を開示する」

組織内分析とそれを開示することは、実はごくシンプルで、求職者にも求められている事項でもあるでしょう。

先行者利益を取るには、「思い切った取り組みを実施する」ことも重要なことです。

人材採用がどんどん厳しくなり、何もしないわけにいかない現状にある以上、活路を見出すために本書を活用し、リファレンスリクルートに取り組んでいただければと思います。

他社と差別化を図れる会社情報の開示

Q　人間関係・賃金・制度・働き方・業績・職場環境・ハラスメントなどの実態について、現在自社で働いている人のアンケート結果を、自社への転職希望者に開示してもいいと思いますか？

（企業向け・自社調査_2022年2月実施　n=756）

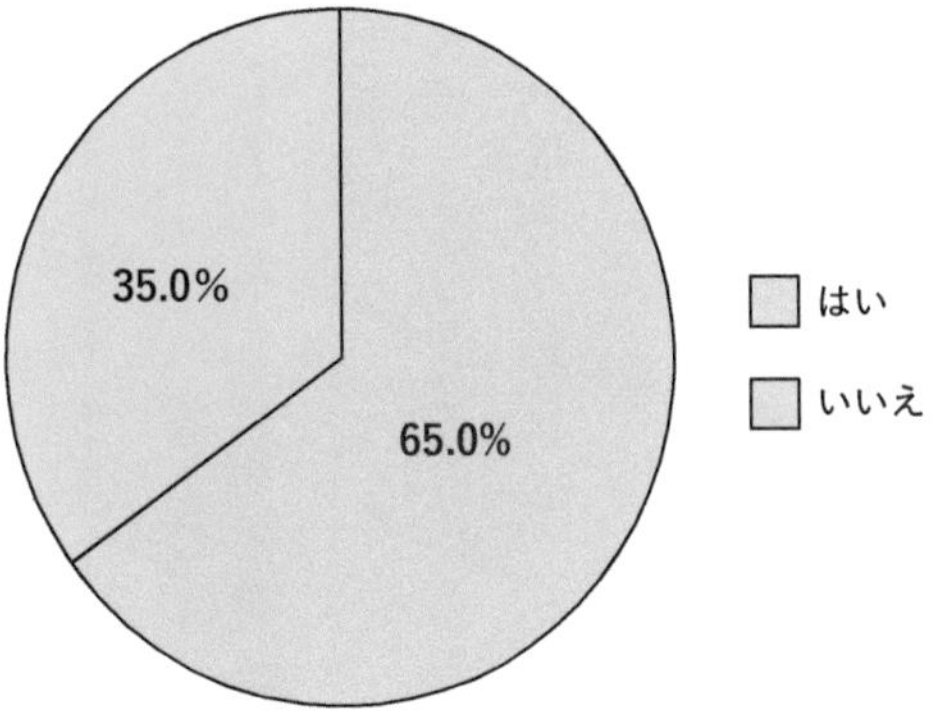

POINT　およそ3 社に2 社は、「自社で働いている人のアンケート結果を開示してよい」と回答。情報の開示は求職者の応募意欲につながることでもあるので、組織内分析を実施し、その情報を求職者に届けることが大事。

「リファレンスリクルート」がもたらす好影響

会社にとってデリケートな情報ほど求職者に開示

組織の情報（実態）には、デリケートな内容もありますが、皆さんの会社では、それらを可視化できているでしょうか。たとえば、次のような内容です。

- サービス残業やハラスメントが発生していないか
- どの程度の残業や有休消化があり、どう運用されているか
- 社員のモチベーションやエンゲージメントの度合い
- 離職率や離職につながった原因
- 何をどのように頑張れば、どの程度年収に影響するかの人事評価制度

●何ができるようになれば役職が上がり、どの程度の年収になるかのキャリアパス制度

これらの情報を可視化できていたとして、それを採用活動や採用広報活動で活用できているでしょうか。こう聞くと多くの中小企業経営者は、

「『デリケートな情報を開示する』という発想すらなかった」

と回答します。

しかし、求職者は、こうしたデリケートな情報ほど求めています。

20〜60代の1119名に「転職先として、デリケートな情報を開示している企業とそうでない企業のどちらに応募しますか」というアンケートを私たちで行った結果、**75%が「開示している企業」**と回答しました（33ページ）。

また、求職者に対して「働き方・残業・給与などのデリケートな情報を開示することは、採用力の向上につながるか」というアンケートを実施したところ、**81%が「つながる」**と回答しました（33ページ）。

つまり、**組織内部の情報を採用活動や採用広報活動に活用することで、他社との差別化が図れ、採用力のさらなる向上にも結びつけることができる**というわけです。

☑ 採用媒体に求人を出すだけでは応募者は集まらない

中小企業の採用活動においては、次のようなケースが見られます。

- そもそも転職の口コミサイトにすら掲載されていない
- 企業ＰＲ活動を行っておらず、その仕組みや文化もない
- 強みの洗い出しや差別化が行えておらず、ＰＲするためのコンテンツが用意できない
- 採用活動はしているが、採用に関する広報活動はしていない

このような状況では、応募者が集まらないのも無理はありません。

「はじめに」にもありましたように採用難を感じる企業が増加しているなかで、多くの会社が採用活動に力を入れており、それにともない多くの採用サービスが市場に参入してきています。

また、ＩＴの急速な発展とともに情報化社会へと変化した昨今において、人々は１日に

採用力の向上につながる情報開示の重要性

Q1 求人票や採用ページで、働いている人の生の声※を開示している会社と、開示していない会社のどちらに応募しますか？

※給与制度・評価制度・働き方・残業時間などの組織の実態
（求職者向け・自社調査_2022年12月実施　n=1,119）

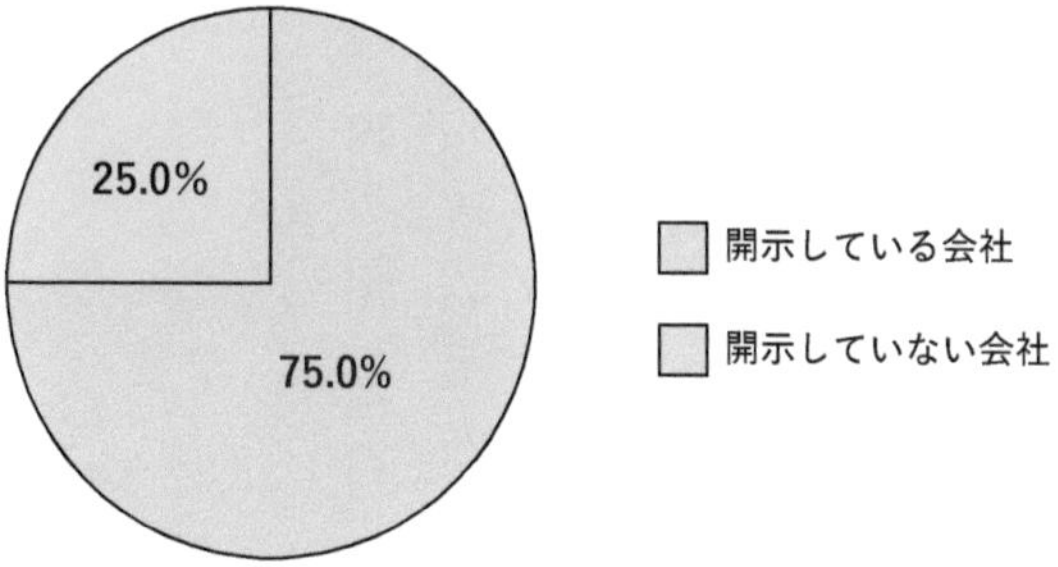

Q2 求人票や採用ページで、働いている人の生の声※を開示することは、採用力の向上につながると思いますか？

（求職者向け・自社調査_2022年12月実施　n=1,119）

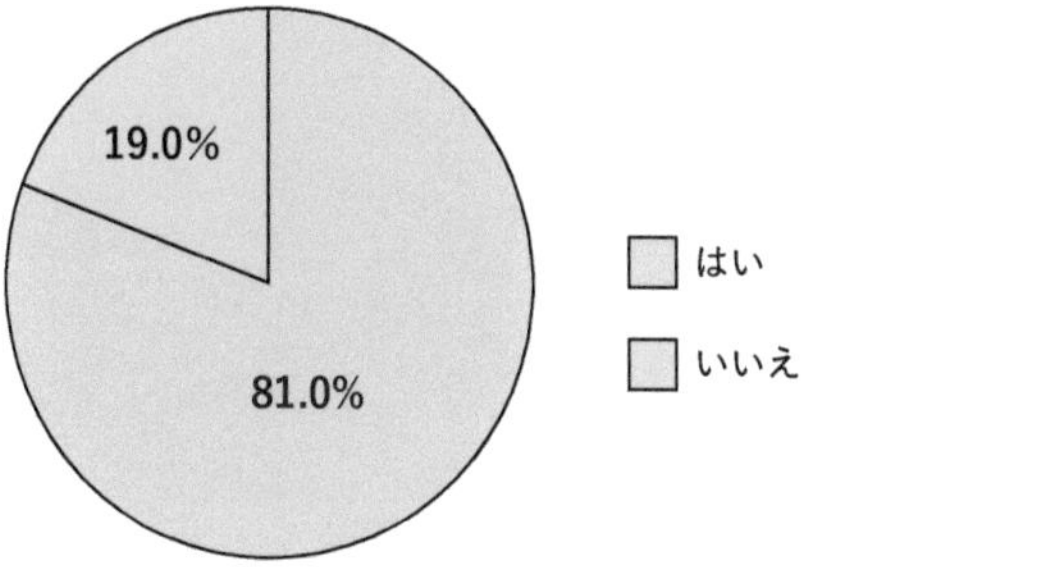

POINT 一般的な情報だけなく、デリケートな情報も求職者は求めている。要望に応えることで採用上の向上につなげることができる。

数多くの情報を目にしています。

求職者の就職・転職活動においても同様で、スマートフォン・PC・タブレットなどの複数の端末を通して、転職サイト・SNS・オウンドメディア（自社ホームページやブログ等）などの多くの媒体で求人情報を目にすることができ、応募に関しても、チャット・メール・申し込みフォームなどのさまざまな方法でできるようになりました。

そうした「人手不足×情報化社会」という時代において、会社が行う採用活動は、単に

「有名な採用媒体に求人を出せば人が集まる」

「人材紹介会社を利用すれば優秀な人を紹介してもらえる」

というものではなくなっているのです。

☑「いい会社」なのに応募者が集まらない理由

一方で、「魅力的なサービスやビジョンを持っている会社」「残業が少なく福利厚生面で働きやすい会社」「社員の将来や生活を第一に考える会社」など、世の中には、一般的に「いい会社」とされている企業がたくさんあります。そして、経営者にしても、その多くは「う

ちの会社はいい会社だ」と思っています。

それにも関わらず、採用活動の中でなかなか応募者が集まらない実情があります。

なぜでしょうか。

「求職者に魅力が伝わっていない」

「伝わるような取り組みを行っていない」

からです。

しかし、組織内分析を行い、表面化された問題を改善していれば、求職者に開示できる情報は多くなります。たとえそれがデリケートな内容であってもです。

そして情報開示を行うことで採用広報コンテンツが拡充するため、採用力も向上します。

ミスマッチを軽減し、定着率や活躍の度合いも向上

会社の実態を求職者に開示することは、採用力の向上だけでなく、**「求職者側から見た会社に対するミスマッチ」を軽減**することができます。

そして、採用活動におけるもうひとつのミスマッチには、「会社側から見た求職者に対

する採用のミスマッチ」がありますが、これはバックグラウンドチェックを行うことで軽減できます。

つまり**「会社・求職者の双方向の情報開示＝リファレンスリクルート」を行うことで、採用活動におけるミスマッチそのものを軽減**できるのです。

そして採用面だけに限らず、入社後の定着率や活躍の度合いにも好影響をもたらします。会社・求職者双方向の情報開示により、お互いに相手の背景を理解することで、それぞれのビジョンに向かって協力できるパートナーとなれるわけです。

入社後のミスマッチは情報の開示で抑止する

会社目線でも求職者目線でも起きるミスマッチ

年功序列型賃金体系や終身雇用制がなくなってきた今、転職が当たり前となりました。フリーランスや副業、起業も珍しくなくなってきています。

そのため会社としては今まで以上に、採用だけではなく「定着」や「活躍」を重要視しなければ存続もままならない時代になりました。

しかしながら、会社側から見た求職者に対するミスマッチの実態として

- 思っていたよりパフォーマンスが低かった

・思っていたよりマインドが自社にあっていなかった
・思っていたより自社の風土になじめなかった

といったことがあります。実際、私たちが755社に聞いたアンケートで、84％の会社が採用のミスマッチ経験があると回答しています（次ページ）。

反対に、転職者側から見た会社に対する採用のミスマッチとしては

・入社前に聞いていたイメージと違っていた
・こんなに頑張っているのに給与が上がらない
・入社してみたら社内の人間関係がぎくしゃくしている
・思っていたよりサービス残業やハラスメントがある

といったケースも珍しくありません。私たちで転職者側（従業員側）にもアンケートを実施したところ、67％がミスマッチを感じているとの結果になりました（次ページ）。

会社目線でも求職者目線でも、ミスマッチは多いのです。

企業と求職者が感じるミスマッチの実態

Q1 求職者に対して、入社前に期待していた活躍と入社後の実態に、ギャップを感じたことはありますか？

（企業向け・自社調査_2022年2月実施　n=755）

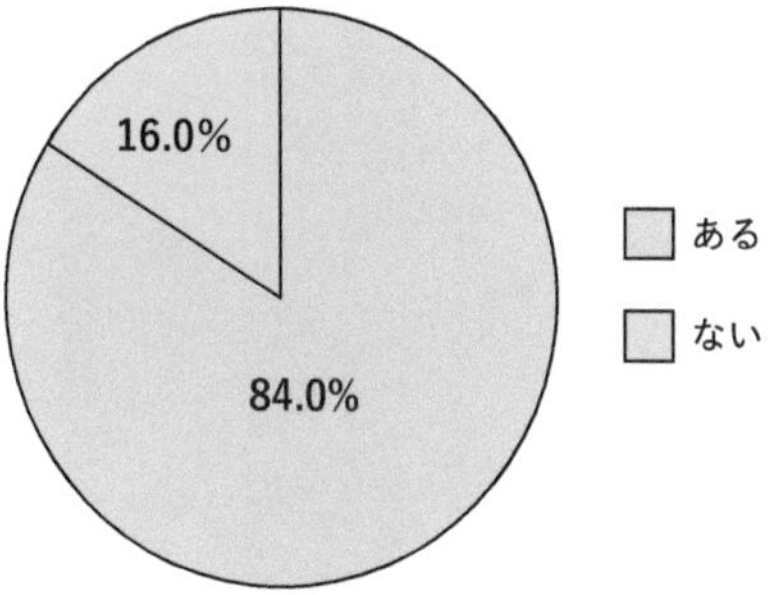

Q2 入社前のイメージと入社後の実態で、ギャップを感じたことがありますか？

（従業員向け・自社調査_2022年2月実施　n=811）

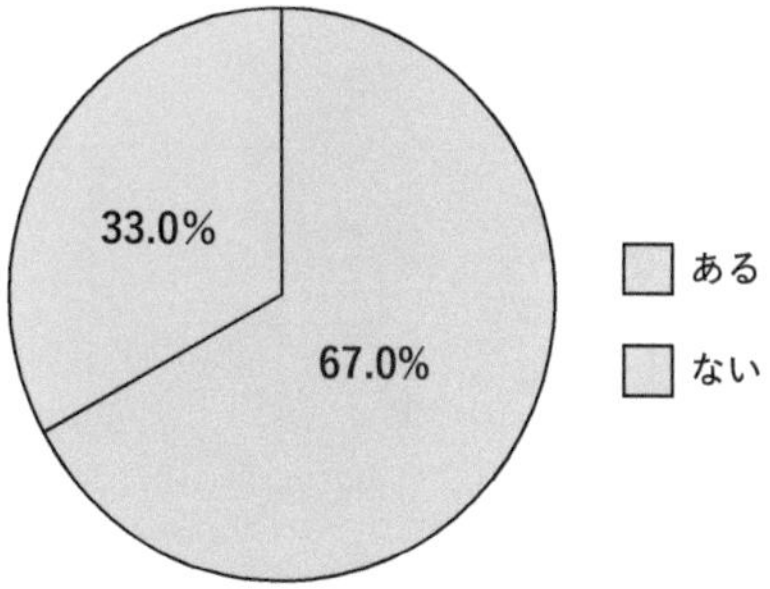

POINT 多くの企業が採用ミスマッチを経験していると同時に、それを解決できずにいる。また、社員側も、多くの人が入社後のミスマッチを感じている。

求職者目線でのミスマッチの要因の多くは、入社前に企業に対して、「聞きたいことを聞けていない」ことにあります。

20代以上の436名の方を対象に「面接中にもっとも聞きたい（聞いておけばよかった）ことは何か」、そして「その質問を面接中に確認することができたか」というアンケートを私たちで実施しました。

その結果、年代別に傾向はなく、多くの方が「給与、賞与、昇格、人事制度」や「残業時間、ハラスメント」などのデリケートな情報を知りたがっているものの、面接中には確認できなかったという結果になりました（次ページ）。

「求職者側からは聞きづらかった」「採用担当者側が話さなかった」など、さまざまなケースが考えられますが、実態として、もっとも聞きたい内容にも関わらず、それを確認しないまま入社している人が多いというわけです。

これこそが求職者目線でのミスマッチの大きな要因といえます。

だからこそ、**こうした情報を先に会社側から開示することで、採用のミスマッチを防ぐことができ、入社後の定着率を上げることができるのです。**

面接で聞きたいことを聞けずに入社した実情

Q1 面接中にもっとも聞きたい（聞いておけばよかった）質問は何ですか？

（求職者向け・自社調査_2022年1月実施　n=436）

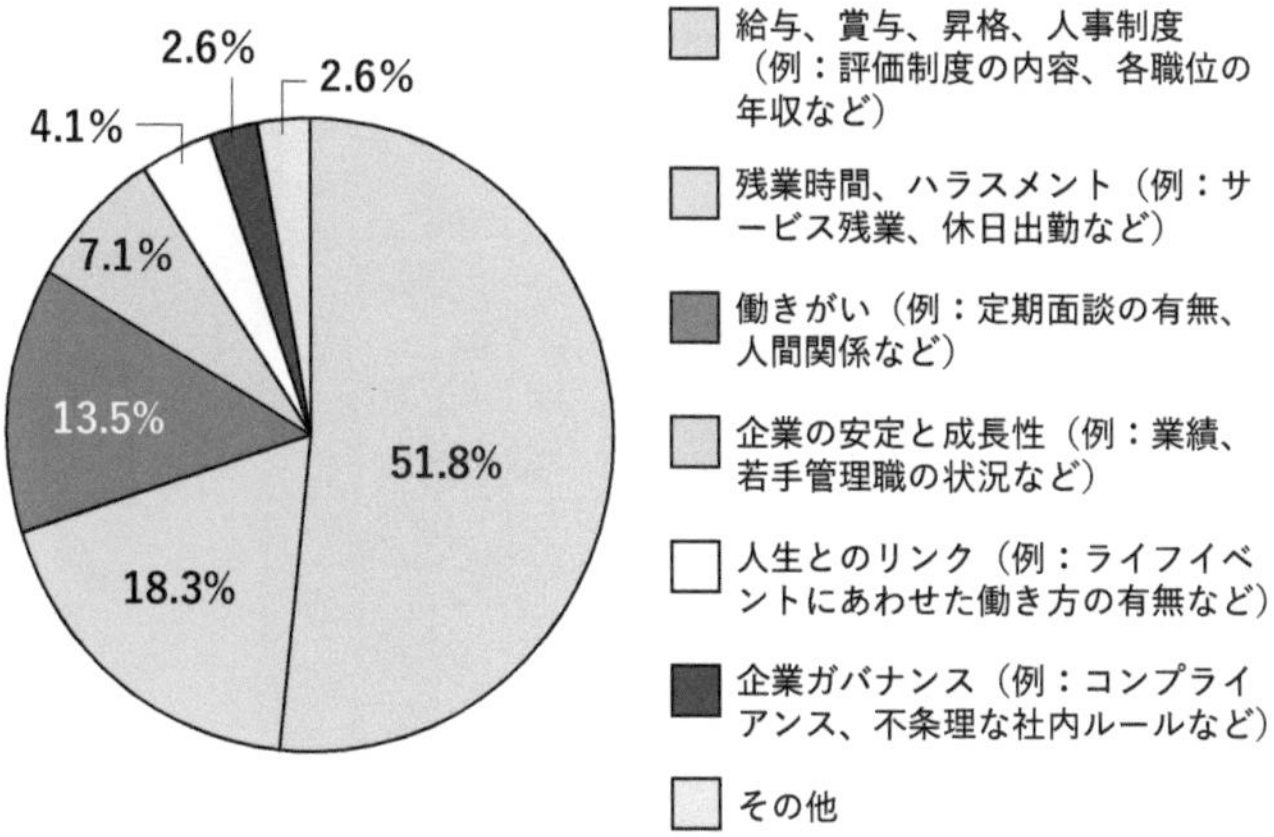

Q2 面接中にQ１の質問をすることができましたか？

（求職者向け・自社調査_2022年1月実施　n=436）

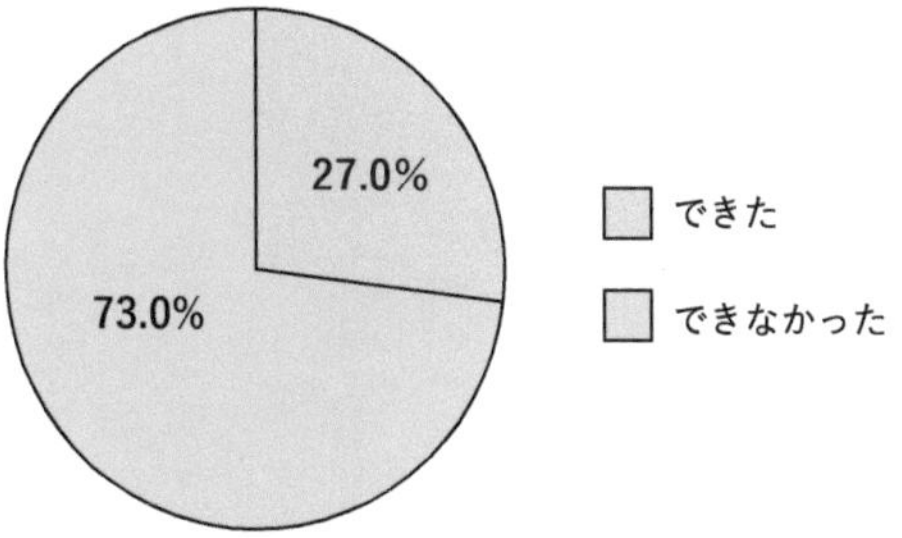

POINT 求職者側からのミスマッチを防ぐには、面接時などに求職者の知りたいことを伝えることが大事。

組織力が上がるリファレンスリクルートの進め方

☑ 魅力的な組織になるために定期的に組織内分析を実施

会社と求職者の双方が、事前に情報（真実）をさらけ出す採用手法が、リファレンスリクルートです。具体的な手法は、次の通りです。

①従業員の声をもとに組織課題を抽出＝「組織内分析」（組織リファレンス）
②抽出した組織課題をもとに改善を実施
③採用活動として活用できるデータを可視化
④③をもとに採用広報活動を実施（詳細はCHAPTER 4）
⑤応募者に対して、組織内分析の情報の詳細を開示（1次面接時など）

⑥応募者に対して「バックグラウンドチェック」（求職者リファレンス：詳細はCHAPTER 5）に関する前職へのヒアリングの同意を得る（1次面接時など）
⑦バックグラウンドチェックを実施（求職者の前職での評価・勤務態度を調査）
⑧健康状態（持病等）の確認（2次面接時など）
⑨⑤〜⑧の情報をもとに求職者と会社側の双方が入社・採用の意思決定をする

リファレンスリクルートを実施し、実のある成果を得るには、①と②が極めて重要となります。**求職者にとって「働きたい」と思える魅力的な組織でなければ、応募者自体が集まらない**ためです。また、魅力的な組織であることは、既存の社員にも好影響を与えます。そのため、①と②は、**採用活動に限らず、定期的に実施**することが大事です。

リファレンスリクルートの内容には、ハードルが高いものもあります。ですが、だからこそ実行できれば他社との差別化が図れ、採用活動で優位に立つことができます。

応募者数255％を実現した成功事例

「リファレンスリクルート」×「採用戦略」

これまで私たちが労務や人事などをサポートしてきた会社では、実際にリファレンスリクルートに取り組み、成果を上げている会社が増えています。リファレンスリクルートにトライし、大きな成果を上げたY社の事例を紹介します。

まず、実行前のY社の実情は、次の通りでした。

- 社員20名程度のサービス業で、知名度は高くなく、給与水準は標準的
- 高額の採用コストをかけても応募者が集まらない
- 採用したい人材から応募が来ても内定辞退が続く

- 人手不足のため望んでいない人材をやむなく採用するが、3年以内の離職が続く

こうした状況を打開するために、次のような採用戦略を組み立てていきました。

①組織内分析を実施
②組織内分析をもとに社内の改善を繰り返す
③採用戦略を立てる（ペルソナ設計・自社分析・他社分析・広報コンテンツ作成）
④組織内分析や差別化を行えるような情報などをオウンドメディアや採用ページなどで可視化
⑤組織内分析や差別化を行えるような情報などをＳＮＳで拡散
⑥広報コンテンツから求人媒体などに誘導し、応募者を集める
⑦社内の仕組みを映像にして応募者に送付
⑧カジュアル面談を実施し、組織内分析の情報を一部開示
⑨1次面接を実施し、面接後に組織内分析の情報を開示し、同時にバックグラウンドチェックの同意書を取得

⑩バックグラウンドチェックで、前職での評価・勤務態度を確認

⑪2次面接を実施し、求職者の健康状態（持病等）を確認

具体的に解説すると、まず①の組織内分析として、過去に退職した社員にコンタクトを取り、退職理由の収集を行いました。その結果、

「自分の将来がイメージできなかった」

「何をすれば年収が上がるかわからなかった」

などの本音の退職理由を聞くことができました。

次に、既存の社員に対して匿名の社内アンケートを実施しました。これにより、コミュニケーションの希薄さ、マネジメントの偏りなどが浮き彫りになりました。

この結果を受けて、社内の仕組みの見直しに着手しました（②）。**抽出した組織課題をもとに社内の改善を実施**したのです。

理念や方針を可視化し、目標管理制度・報酬制度・キャリアパス制度を構築して、先輩・後輩社員のバディ制や定期コミュニケーションをルール化しました。

また、社内アンケートは1回では終わらせずに定期的に実施し、課題点を浮き彫りにし

ては改善する、ことを繰り返していきました。

そして、これ以降の内容でとくに注目すべきポイントは④⑤⑦です。

④組織内分析や差別化を行えるような情報などをオウンドメディアや採用ページなどで可視化

匿名で行った社内アンケート結果をもとに、次の内容をオウンドメディアや採用ページに記載しました。

- 残業や有休・ハラスメントなどの労務状況
- 評価や給与・賞与などの人事評価制度の状況
- 職位ごとの年収や昇格・降格の基準などのキャリアパス
- 入社後の成長イメージがつくような教育の仕組み
- 活躍人材の傾向や会社の方針・ビジョン・成長性
- 確定拠出年金や投資教育などの金融施策状況

⑤組織内分析や差別化を行えるような情報などをＳＮＳで拡散

採用戦略で差別化したポイントや、組織内分析の情報をもとにコンテンツ化し、採用情報や求人票とともに、複数のＳＮＳで拡散しました。発信時には、自社の採用ページや採用媒体ページに誘導しました。

⑦社内の仕組みを映像にして応募者に送付

次の内容を映像にまとめて、応募があった際には、面接の前段階でその視聴ＵＲＬを送付して見てもらいました。

- 自社のビジョン、サービス内容、存在意義など
- 何をすれば給与、賞与、昇格、年収に影響するかなどの人事制度
- 労働環境・働き方に関する実態
- 組織内分析を実施している背景やどのように改善を行ってきたか
- 求職者に期待していることや任せたい業務・役割

などです。そして、映像は次の言葉で締めくくられました。

「この映像を見たうえで自分のキャリアプランやライフプランを想像したときに、ミス

マッチになりそうであれば、面接をご辞退ください。もし自身の人生設計にマッチしそうで、当社のビジョンにも共感していただけそうなら面接をお願いします」

こうした施策などを実施したところ、**応募者数が約255%、内定辞退率0%**と、大きな成果を得ることができました。会社の内部をクリアにし、明確な戦略を立て、求職者に対してはデリケートな内容を含めて会社の情報の多くを真摯《しんし》に提供したことが、他社との大きな差別化につながりました。

求職者からは

「会社の文化や仕組み・労働環境などの実態を知ったうえで意思決定ができた」
「誠実な会社という印象を受けた」
「もっと改善していくのだろうなという本気度を感じた」
と評価してもらえています。

採用競争が激化する時代において、「選ばれる会社になるための取り組み」といえます。

悪循環からの脱却で業績アップを手に入れる

採用力の強さが企業の存続に直結

多くの中小企業の採用活動では、次の悪循環が起きています。

人材が不足

⬇

あわてて単調な採用アプローチを実施

⬇

応募が集まらない

⬇

やむなく妥協して採用する

⬇

採用のミスマッチにより離職

⬇

また人材が不足

しかし、リファレンスリクルートの実現に向けて組織内分析を行うと、組織の課題が明確になります。そして、課題の改善が習慣化されていくと、この悪いサイクルが次の形で大きく変化します。

組織の課題を明確化

↓

組織の課題を改善することで組織が活性化

↓

業績・生産性が上がり、より働きやすい会社に改善

↓

魅力的な会社になることにより採用戦略の幅が広がる

↓

差別化したPRで自然と人が集まる会社になる

↓

リファレンスリクルートでミスマッチが抑止され、定着率の向上につながる

労働人口が減少傾向にあり、採用競争がさらに激化していくなか、これからの時代は**「採用力の強さ」が企業の存続に直結**します。

また、採用できればいいのではなく、**「定着率の高さ」も強い組織になれるか否かに関わっ**

てきます。

「組織の課題の明確化・改善」を繰り返すことで定着率が上がり、業績も上がります。そして「よりよい会社」へと変わり、結果的に採用力も上がります。

組織の課題の明確化と改善という手段を活用することで、今の時代に必要不可欠な「採用力」と「定着率」を強化でき、強い組織に変わり続ける好循環が生み出せるのです。

悪循環を好循環に変えるカギは組織課題の明確化

**従来の採用方法を踏襲した採用に関する悪循環。
採用力や定着率の向上がなかなか見込めない。**

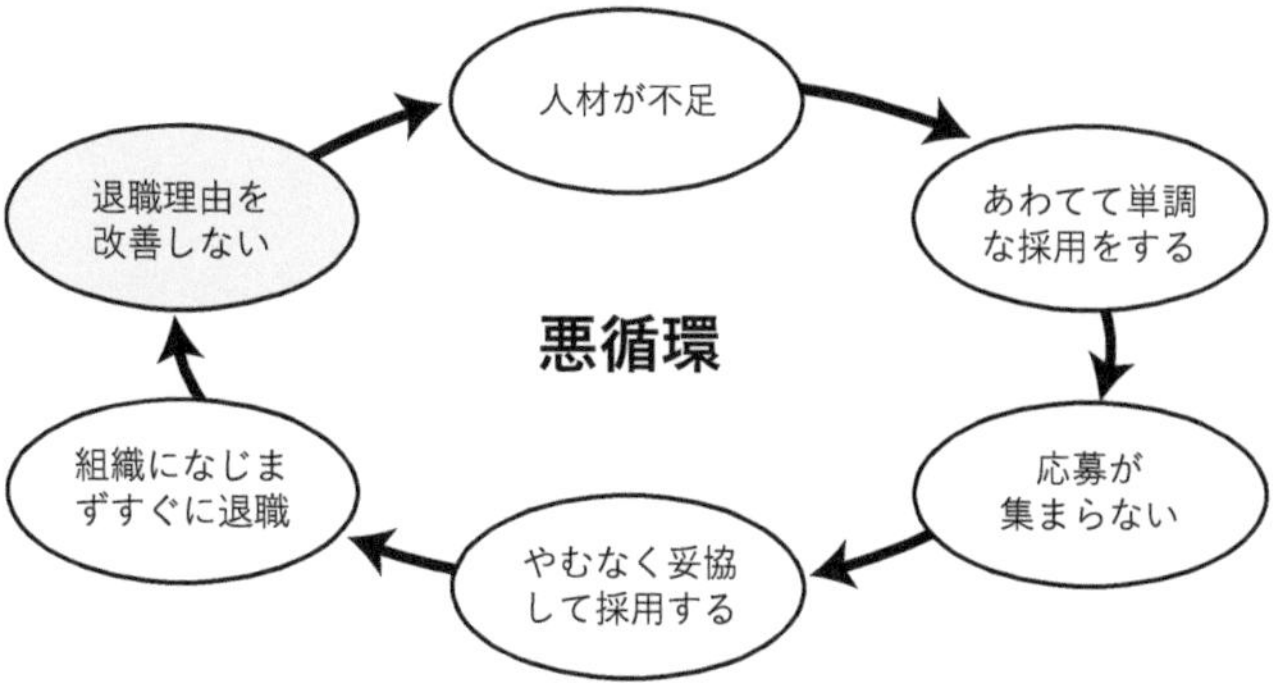

**組織の課題を明確にし、改善を行うことで、
採用の好循環を生み出すことができる。**

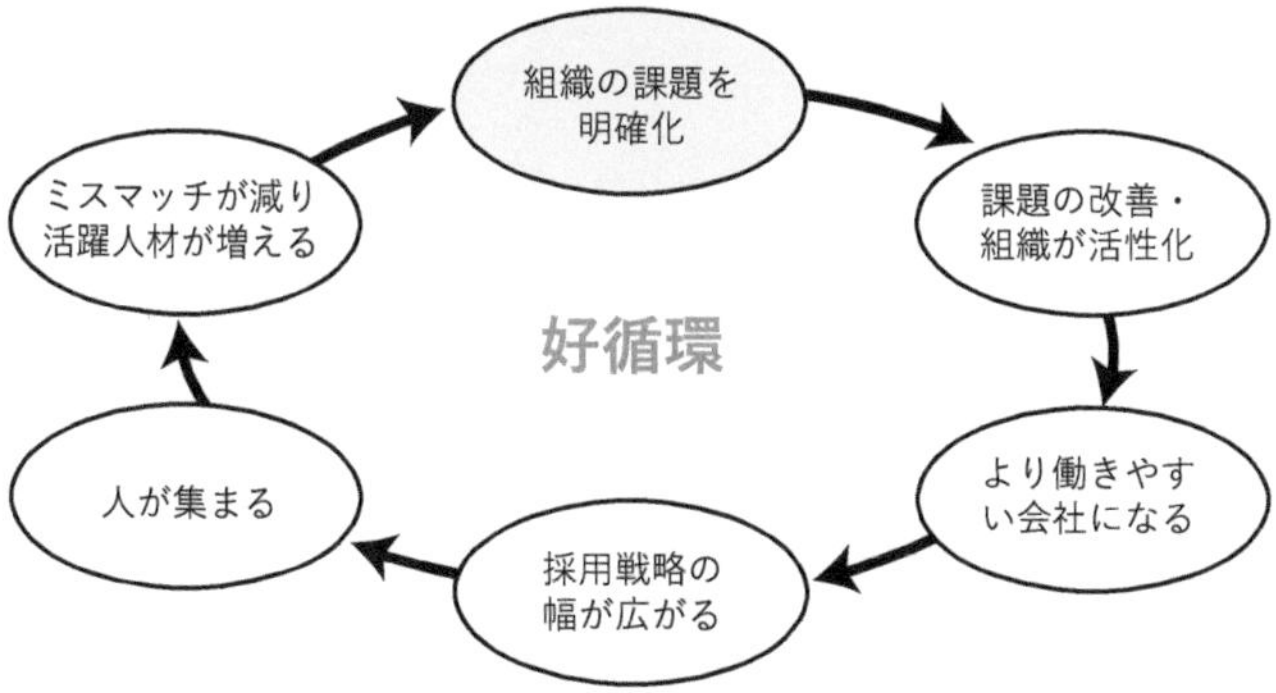

POINT 組織の課題を改善することで、働きやすい職場になり、定着率・採用力が上がり、業績向上へとつながる。

人と採用にまつわる残念な6つの事例

多くの中小企業が陥っている「無限ループ的悪循環」

中小企業の多くは「人事部」という部署がありません。採用に関する業務を専属で行っている人も少なく、何らかの仕事と兼務していることがほとんどです。場合によっては、採用や人事の実務に社長が関わっていることもあります。

採用に関わる人が、人材採用のエキスパートではないため、実際の採用現場では、「お金をかけて募集をすれば、人が集まる」「人材紹介会社が紹介してくれる人材は、間違いがない」などと勘違いし、募集や採用を進めてしまうことがあります。

そしてその勘違いに気づかずに同じことを繰り返しては、ずっと人材難の状況から抜け出せないケースもあります。いわば、50ページなどで紹介したような**「無限ループ的悪循**

環」に陥っているわけです。

そうした「採用に関するありがちな残念な事例」を6つ紹介します。

事例①……2~3つの求人媒体に150~200万円で求人広告を掲載。しかし、結局採用できず、次の一手として人材紹介会社に依頼し、紹介料を150万円以上支払ってなんとか採用。

ところがその新人は、3か月で退職した。このように、採用できたとしても定着率が悪く、すぐに退職してしまう。何がいけないのかもわからず、悩ましい状況が続いている。

事例②……やっとの思いで、経験者を1人採用。ある程度の活躍を見込んでいたため、給与水準も既存のベテランスタッフと同じレベルにあわせた。

ところが、入社後に少し経ってから「この会社の仕事の進め方がわからない」「教育係と上司の言うことが違う」「一体、何が正解で、どう仕事に取り組めばよいのかわからない」などの不満が爆発し、社長に直接相談する事態に。結局、しばらくして「一身上の都合により退職」となった。

事例③……人材紹介会社に依頼し、営業経験者を紹介してもらった。面接では「成果を上げてくれそうだ」という印象を持ち、給与を高めに設定。期待して採用したが、成果は今ひとつどころか、ほぼ上がらなかった。

社内からは「なぜあの新人は給与が高いのか納得できない」といった声が上がり、不満から退職を示唆する社員も出てきて、営業部がバラバラになるおそれが出てきている。

事例④……採用活動を一生懸命にしているものの、応募者数が少ない。もしかしたら給与や労働条件が悪いのかと考え、現在働いている社員も含めて、給与水準の向上・働き方や労働時間の見直し・休日数の増加などを実施した。

しかしながら、応募者数は多少増えたものの、大幅な増加はなく、ターゲット層からの応募もない。求人媒体の担当者に「もっと自社にあう応募方法はないか」などと相談しているものの、あまり変化はなく、求人広告を出し続けている。

事例⑤……10人の採用候補者のなかから最終面接で2人にまで絞り、最終面接でもいろいろと応募者のことを確認して、会社の組織風土にあいそうで人柄もよいと判断した人を採用。前職が従業員数300名程度と比較的規模が大きい会社の役職者として勤務していたことで有能な人材と判断し、年収700万円で管理職として採用。

しかし期待値ほど有能ではなく、会社にもあまりなじめていない様子。悩ましい状況である。

事例⑥……高額プランの求人媒体に掲載し、やっとの思いで採用が決定。活躍を期待していた。しかし、試用期間の終了直後から体調不良で休みがちになった。

結局、活躍するよりも前に休職。復帰して活躍してくれるのか、不安で仕方がない状況である。

いかがでしょうか。紹介した6つの事例のような経験がある、または、「今まさにこういう状況にある」という会社もあるかもしれません。

ただ、いずれの事例でもひとついえるのは、求職者や求人会社に問題があるのではなく、**正すべきなのは会社側**であるということです。

事例①改善策……退職者は、退職届にていねいに本音の退職理由を添えてはくれません。「採用しては退職してしまう」ということを繰り返さないためにも、退職者ときちんと話をし、聞き出せるのであれば、**明確な退職理由や会社の改善点を聞くべき**です。もっといえば、在籍中にそうした会社の課題を抽出し、改善に努めるべきなのです（詳細はCHAPTER 2）。

事例②改善策……教育制度と、情報共有やナレッジ・マネジメントの仕組みを正す必要があります。いくら経験者だからといって、即戦力としてその会社のやり方や仕事の進め方を理解し、期待通りのパフォーマンスを発揮するとは限りません。また、「優秀な人を採用すれば黙っていてもしっかりと成果を出してくれる」という考えは、間違っています。たとえ**優秀な人であっても、会社として教育し、成長をう**

ながす必要があります。**人が育たないのは会社のせい**なのです（詳細はCHAPTER 3）。

事例③改善策……給与の仕組みを正す必要があります。パフォーマンスに対して給与を支払う仕組みがなければ、ほかの社員から不満が出ても仕方がありません。成果を上げる人材を大幅昇給し、成果が出ない人はマイナス査定も検討する仕組みがなければ、結果的に優秀な人ほど離職してしまいます（詳細はCHAPTER 3）。

事例④改善策……採用を戦略化できていないことが間違いです。今は、「有名な求人媒体に求人を出すだけで採用が成功する」という時代ではありません。「誰に届けるのか」「何を伝えたいのか」「何で差別化を図るのか」といった形でしっかりと**採用戦略を設計し、構造的に進める**必要があります（詳細はCHAPTER 4）。

事例⑤改善策……前職での働きぶりを確認すべきです。会社の規模だけを見て優秀な人と考えてしまうのは、間違っています。本人から同意書をいただいたうえで前職の働きぶりを確認することに問題はなく、むしろしっかりと行うべきです（詳細はCHAPTER 5）。

事例⑥改善策……面接時に体調面も確認すべきです。求職者から健康状態（持病など）について、きちんと話があるとは限りません。入社後に持病などの健康状態の関係で仕事ができない状態になることほど、お互いに無益なことはありません。会社には安全配慮義務があり、求職者について、個人情報の取扱いに配慮したうえで、業務との関連でしっかりと持病などの健康状態を確認しながら、活躍できる環境をつくることが大事なのです。

「体調のことは聞いてはいけないのではないか」と考えているのでしたら、それは間違いです。事例④と同様、きちんと確認すべきなのです（詳細はCHAPTER 5）。

人が辞めて人手が足りなくなり、あわてて募集するものの、なかなか人が集まらない。やむなく妥協して採用するが、定着せずにすぐに辞めてしまい、またあわてて募集する。こうした「無限ループ的な悪循環」から脱却できない理由は、会社側にあるのです。

今からすぐにできる悪循環からの脱却

会社においては何よりも人材が大事

私たちはこれまで、のべ1500社以上の労務や人事をサポートしてきましたが、そのなかで、採用がうまくいかない原因が自社にあるにも関わらず、対処していないケースを目の当たりにしてきました。

- 企業は人なり
- 経営資源は、人・物・金・情報

などとよくいわれますが、なぜ今、人的資本経営という考え方が広がりつつあるのでしょうか。
それは、**物を扱うのも人。お金を扱うのも人。情報を扱うのも人。**
何をするにしても最終的には**すべて「人」に帰結する**からです。

☑「いい会社」とはどんな会社なのか

今や転職は当たり前の時代になりました。そのため、社員のなかには、すでに転職活動をしている**潜在的な離職者が少なくない**と考えるほうが賢明です。

社長は自分の会社をいい会社にしたいと考え、なかには「うちの会社はいい会社だ」と考えている社長もいるでしょう。働く側としても当然に、いい会社で働きたいと考えています。

たとえば、社員にとっていい会社とは、次のような場合もあるでしょう。

- 他社と比べて給与水準が高い会社

- 残業が少なく、休日の多い会社
- 社内イベントや福利厚生がとても充実している会社
- 業務や労働時間にまったくストレスを感じない会社

「いい会社」の定義が、立場や人によって異なるのは当たり前のことです。

しかしながら、中小企業が企業の存続と業績アップを目指して経済活動の戦いに挑んでいくにあたっては、「優秀人材の流出」と「間違った人材採用」がもっとも大きなリスクになります。

そうしたリスクを回避し、少しでもよい会社になるための具体的な取り組みと解決策の1つが、リファレンスリクルートです。

進め方は、次ページの通りになります（★の数は難易度をあらわし、★の数が多いほど難易度が高くなります）。

START

① 課題
採用してもすぐに辞めてしまい人材の定着がうまくいかない（★）

解決手段
組織の課題を明確にするための組織内分析（組織リファレンス）を実施。
経営層の覚悟が必要（詳細はCHAPTER 2）。

② 課題
人材の育成・戦力化がうまくいかない（★★★）

解決手段
社内大学（教育制度）・人事制度などを含めてキャリア開発やキャリアパスを仕組み化。
時間と工夫が必要（詳細はCHAPTER 3）。

③ 課題
応募が少なく、また、ターゲットにしている人材の応募がない（★★）

解決手段
採用戦略の設計・採用活動と採用広報活動の確認と実施。
CHAPTER 2までの取り組み＋時間が必要（詳細はCHAPTER 4）。

④ 課題
新入社員が思っていた能力・人材ではなかったミスマッチ（★）

解決手段

求職者に同意書を取ったうえで、前職での働きぶりについて「バックグラウンドチェック」のヒアリングを実施。明日からでも実施可能（詳細はCHAPTER 5）。

⑤ 課題

新入社員が働きはじめてすぐに休職するミスマッチ（★）

解決手段

求職者について、個人情報の取扱いに配慮したうえで、業務に関連する「健康状態（持病等）」の確認を実施。明日からでも実施可能（詳細はCHAPTER 5）。

⑥ 課題

リファレンスリクルートで採用・定着・業績の向上を目指す（★★★）

解決手段

時間と会社の覚悟が必要（事例はCHAPTER 1）。

GOAL

具体的にはCHAPTER 2以降で解説していきます。

目指すゴールは**「採用の強化で業績アップ」**です。

リファレンスリクルートで採用・定着・業績が向上

組織内分析から課題改善や情報開示を行い、一方でバックグラウンドチェックで求職者の情報を得ることで、採用力が上がる。

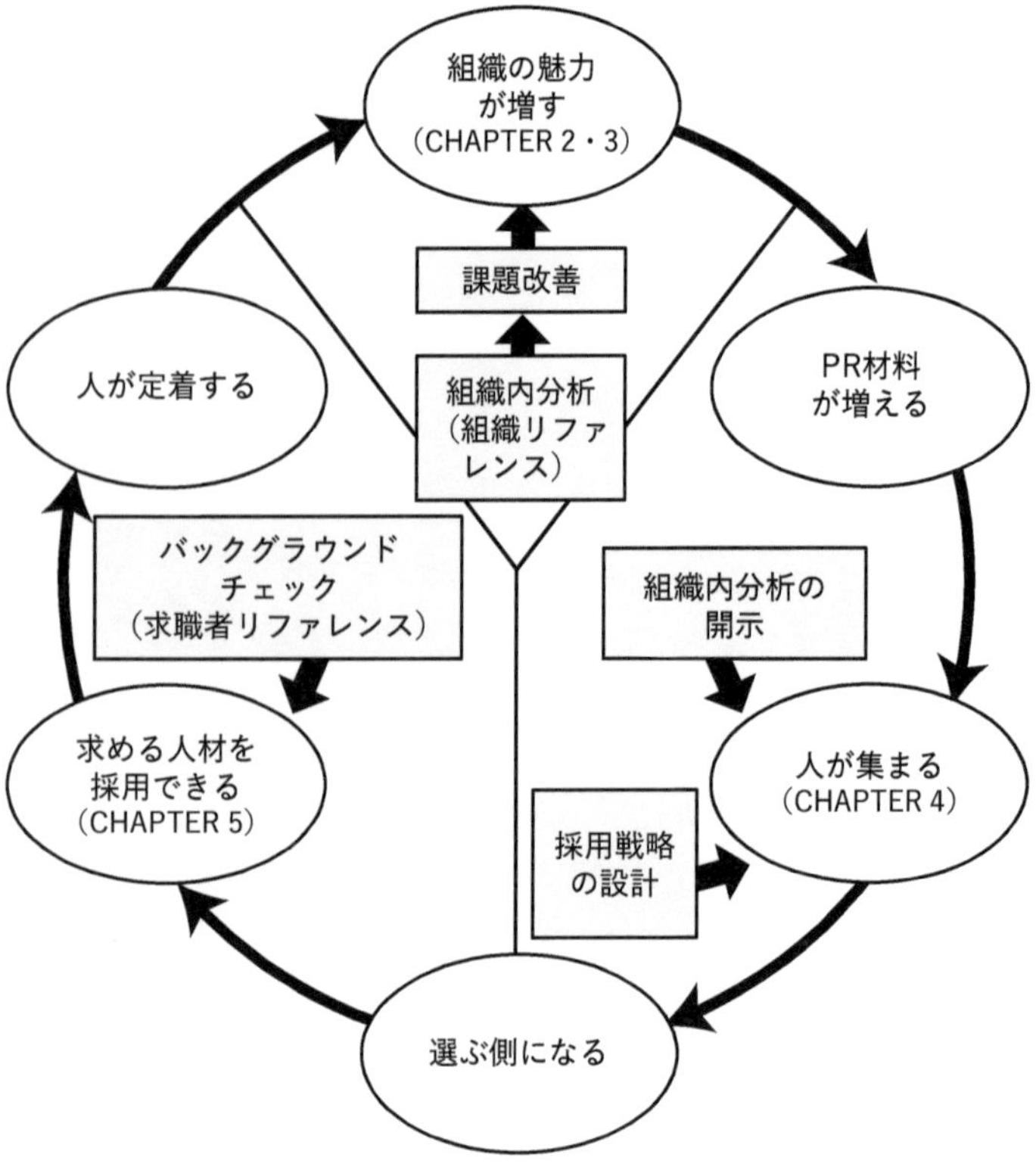

POINT 会社側の改善・情報開示と求職者の情報開示を行うリファレンスリクルートで、会社が大きく変わる。

CHAPTER 2

組織の見直しが生み出す採用力と組織力の向上

課題を見える化する「組織内分析」

入社してすぐに退社となった残念な2つの事例

求人広告に多額の費用を割いても採用に至らず、結果的に人材紹介会社に協力を依頼し、やっとの思いで1人採用。しかし、入社数か月で退職してしまった。

55ページの事例①にもありましたが、このような経験をしたことは、ありませんでしょうか。

これは、数年前にある企業で起きた事例でもあります。

お金と時間をかけて採用したにも関わらず、残念な結果となりました。果たして、何がいけなかったのでしょうか。求職者に同意を得たうえで採用活動中に実施した、バックグラウンドチェック（求職者リファレンス）の一部を紹介します。

○○株式会社□□店にヒアリングを実施したところ、求職者の申告通り20○○年○月から同年○月まで、社員として在籍していたことを確認できた。前職・○○社の元上司は「退職を引き止めたほどすごくいい人材。長年、総務業務に携わっているから仕事の覚えも早くなんでも任せられた」と絶賛。人柄も明るく素直で、職場内の先輩・上司などと協調的に仕事を行っていた。

「退職を引き止めたほどすごくいい人材」
「仕事の覚えも早くなんでも任せられた」

前職のこうした評価を考慮し、「よし！　この人を採用しよう」とポジティブな気持ちで採用しました。ですが、すぐに退職になったのです。

その方が退職する際に理由などを聞くと、

「やりがいのある仕事ですし、社長のことも尊敬できます。でも、思っていた会社（組織）と違いました」

これが退職理由でした。端的にいえば、会社の内部にミスマッチの原因があったわけです。

もうひとつの事例をご紹介します。

総務部にAさんが中途採用で入社し、教育係として同じ部署のBさんが指名されました。Aさんは総務部の経験者です。そのため、総務関連の仕事は、問題なくこなすことができます。

しかし、教育係であるBさんの業務があまり体系化されていませんでした。そのため、教育もままならず、Aさんは事案が発生するたびに新しいことを覚える必要があり、混乱することが少なくありませんでした。

これに対してBさんは

「あの子は仕事ができない」

と口にする始末で、しばらくしてAさんは退職しました。

世の中でよくある本音の退職理由を5つ紹介します。

①上司の仕事のやりかたが気に入らなかった
②労働環境が不満だった
③社内風土や人間関係がうまくいかなかった
④給与が低かった
⑤将来性に不安を感じた

自社を見返したときに、当てはまるものはあるでしょうか。

そもそも、今の組織は社内の人間関係が良好で、風通しがいいといえるでしょうか。

業務フローは明確になっていて属人化（ある社員が担当している業務の内容などを、その社員でしかわからなくなっている状態）していないといえるでしょうか。

採用がうまくいく会社といかない会社の違い

2023年度の「新入社員意識調査」（一般社団法人日本能率協会）によると、「抵抗がある業務」の第1位は「指示が曖昧なまま作業を進めること」です。

こうしたことが横行していると、人が定着せず、離職につながりかねません。


どんなことにも原因があって結果があります。採用に関しても同様です。

社員の失望を生む原因（問題点）を把握しなければ、人材を失います。また、原因への対策が不足していると、人材の定着化は図れません。

内部環境の改善に着手することを後回しにしている会社は、採用活動がより厳しいものになります。

健康診断や人間ドックを受けるのは、自分の体に悪いところがないかを調べるためです。そして、検査の結果、何か不調が見つかった場合は、治療したり薬を処方してもらったりと、必要な処置を受けます。

組織においても同じことがいえます。健康診断や人間ドックと同じように**組織の状態をチェックし、その結果、機能不全を起こしていることがわかれば、その原因を探り、問題を解決すべく何らかの対処をする**必要があるのです。

採用がうまくいっている会社と、なかなか採用がうまくいかない会社には、どんな違いがあるのでしょうか。そのひとつに

「組織の分析と改善をしているか」

があります。採用がうまくいかず悪循環に陥っている会社は、「なぜ退職者が出たか」の理由を分析せず、改善もしていません。そのため、採用がうまくいかないのです。

人材が必要だからと求人媒体に掲載し、なかなか応募がなく妥協して雇ったものの、組織になじむことができず、すぐに辞めてしまう。

人材が不足し、再び採用活動をはじめるものの、退職者が出た原因がわからず改善でき

ていないため、採用できてもまた退職する。**組織の機能不全を改善しないまま「人が足りない➡採用活動をはじめる」を続けるため、同じことを繰り返してしまう**のです。

☑「求職者」を知り、己を知れば百戦あやうからず

採用においては、**「まずは自分の会社のことを知る」**ことが大事です。「『求職者』を知り、己を知れば百戦あやうからず」です。

では具体的に、ある企業グループが現状を知るために実施した組織内分析の一部を次ページに紹介します。

この企業グループにはA社とB社があり、それぞれの社員に対して「リスク認知項目」の内容についてアンケートを実施したものになります。「全体」はAとB両社をあわせた平均値です。

組織内分析で見えてくるさまざまな課題

リスク認知項目	全体	A社	B社
特定の人しかわからない秘密事項が多いと感じる	63%	50%	71%
会社の物品を私用のために自宅に持ち帰る人を見かけることがある	17%	20%	14%
機会があれば転職したいと考えている人が多いと感じる（①）	17%	30%	7%
労働時間管理が不十分でサービス残業が多く見られる	38%	40%	36%
休憩以外で現場を離れサボっている人を見かけることがある	21%	10%	29%
業績目標達成のために無理することがある	29%	10%	43%
重要な情報が漏えいする危険を感じることがある	8%	0%	14%
顧客のクレームや不満が放置されていることがある	21%	0%	36%
顧客リストの管理がずさんだと感じることがある	8%	10%	7%
自分がこの会社でどこまで頑張れるか不安に思うことがある（②）	29%	0%	50%
不注意によって重大な事故を起こす危険がある	25%	0%	43%
マニュアルを守らない行動が慣例化している	42%	40%	43%
問題行為や不祥事を見て見ぬふりをすることがある	29%	10%	43%
立場の弱い取引先にリスクや責任を押しつけている	13%	0%	21%
会社内の意志疎通の不足によって業務の効率が落ちていると感じることがある（③）	63%	60%	64%

POINT 社内に潜んでいる課題を洗い出し、改善につなげることで、強い組織に変わることができる。

このなかで、３つのポイントをお伝えします。

①機会があれば転職したいと考えている人が多いと感じる

A社では30％が「YES」と回答しました。A社は若い人が中心のため、入退社が一定数あることは見込まれているのですが、それが結果にもあらわれています。

一方のB社は、７％でした。B社の業務はキャリアを積まなければ成り立たないものですので、９割以上の人が「すぐには転職を考えていない」といった印象があることは、会社として安心できるといえます。

②自分がこの会社でどこまで頑張れるか不安に思うことがある

キャリアを積まなければ成り立たない業務をしているB社にいる社員のうち、50％の社員が「当社で長く働けるかは別問題」と考えていることが明らかになりました。

この結果は、会社として「非常に由々しき問題」と考え、改善に乗り出しました。

③会社内の意思疎通の不足によって業務の効率が落ちていると感じることがある

このように感じている社員が各社とも60%以上にもおよびました。この結果を受けて、業務効率が悪いことで残業が多くなっていることも判明しました。

自社で提供するサービスや販売する商品については、ユーザーにアンケートを実施し、その結果を分析して改善・改良に役立て、よりよいサービスや商品、より売れるものを開発します。

社員は、ある意味で「会社のユーザー」でもあります。

そのため、考え・意見・実情を社員からしっかりと聞き取るべきですし、会社のことをもっともよく知っている人たちの話を聞かないのは、もったいないことです。

人材を定着させるには、社内の問題点を洗い出し、課題を見つけて、自社にあった解決策を探る必要があります。

これこそが組織内分析です。

組織内分析を成功に導く5つのポイント

ギャップを知り、意見を募り、フィードバックする

ここまで、組織内分析を実施し、自社の問題点を洗い出すことの必要性を解説してきました。「分析」と聞くと難しいことのように思われるかもしれませんが、実際には決して難しいことではありません。

体の状態を調べる健康診断や人間ドックは、人体の専門家である医師などが行いますが、会社の組織内分析は、専門家に頼まなくても自社内だけで行うことができます。

実行する際のポイントは、次の5つです。

【組織内分析を行う際の5つのポイント】

①質問内容には客観性を保つ
②カテゴリー分けして分析し、特定層の偏りについても見える化する
③社長（経営層）と社員（ユーザー）の認識のギャップを知る
④解決策の意見を社員に聞く
⑤フィードバックする

①質問内容には客観性を保つ

質問する際には、「あなたは」ではなく「あなたの周りで」などと**客観的な質問を多く入れる**ことが大事です。

自分に対する質問になると、匿名での回答にしていたとしても何となく不安になり、回答をためらったり、回答しにくいために忖度《そんたく》してしまったりします。

しかし、自分ではなく同僚や上司、部下など、周りの様子を聞く質問内容にすると、客観的に感じていることをそのまま回答しやすくなりますので、より実りのある組織内分析になります。

②カテゴリー分けして分析し、特定層の偏りについても見える化する

分析に際しては、**特定の年齢・部署・キャリア年数にだけ起きている問題なのか、それとも会社全体に見られる問題なのかを把握**する必要があります。問題が起きているカテゴリーによって、対処方法も変わってくるためです。

そのため、組織内分析をする際には、年齢・部署・勤続年数・役職に分けて分析できるようにしておき、**特定層の偏りなどについても見える化**することが大事です。

③社長（経営層）と社員（ユーザー）の認識のギャップを知る

とてもいい商品だと思って世に出したもののあまり売れなかったり、そんなに売れないと思っていた商品が爆発的に売れたりすることがあります。これは、売り手と買い手で視点や感じ方が違うことによって起きるギャップで、会社でも起きることがあります。

「社長としては社員に喜んでもらえると思って行っていることが、実は社員としては、あまりうれしいことではない」

「社長は会社の人間関係は良好だと思っていても、実際は、ギクシャクしている」

このように社長と社員では、違った視点で見たり感じたりしています。そして組織内分

析を行うと、経営層が想像もしていないギャップが見られることも少なくありません。

83ページの図は、その一例です。

「自社にはサービス残業がない」

「上司と部下で評価の合意形成ができている」

と考えていた経営層としては、目を疑いたくなる結果です。「まさか」の内容ではありますが、しかし、こうした結果が出る可能性があることをあらかじめ受け入れたうえで組織内分析を行う必要があります。

そして、実際に想定外の結果が出たとしても、「結果がダメ」なわけではありません。放置し、何の対処もしていないことが問題ですので、こうした**残念な結果が出たときこそ、しっかりと原因を探り、対処する**ことが肝要です。

④解決策の意見を社員に聞く

組織内分析をして問題点が見えたら、それを解決しなければなりません。

このとき、社長からの一方向での解決策ではなく、**社員に解決策を提案してもらう**ことが大事です。「問題点をどう改善したいか」「会社としてどうなってほしいか」を社員に話してもらい、**その意見や要望にあった改善を進めていく**ことが大切なのです。

仮に解決策が出てこなくても構いません。また、何の意見もないという結果が出てくることもあります。ですが、それでもよいのです。

もしも組織内分析をした結果、解決策や意見が出てこなければ、そこに別の重要な問題が潜んでいる可能性があるとわかります。

それは、**「社員があきらめの状態にある」**という可能性です。

「解決策や意見を述べても無駄」

「意見をしても結局は変わらない」

とあきらめてしまっている状態です。

問題を解決することをあきらめた瞬間に、その問題は永遠に解決されません。あきらめの状態は意欲も不足していますので、業績にも影響します。退職理由にもなり得ます。

組織内分析をして、解決策も吸い上げて改善する。

解決策が何も上がってこなければ、「社員があきらめの状態になっていないか」を確認し、もしもあきらめの状態にあるなら決して放置せず、改善に取り組む。

組織内分析でわかる経営層と社員のギャップ

経営層と社員とで、同じ項目について以下の点をつける。
1点：改善検討　2点：もう一歩　3点：良い　4点：素晴らしい
内容を集計して平均点を出し、経営層と社員のギャップを見る。

No.	強みといえる項目	社員	経営層	GAP
1	あなたの周りでは転職したいと考えている人がいない	3.8	4.0	-0.2
2	相談したいときに相談する相手がいる	3.7	4.0	-0.3
3	給与体系や昇格・降格の基準が全社員に開示されている	3.7	3.5	0.2
No.	**弱みになる項目=改善点**	**社員**	**経営層**	**GAP**
1	改善提案が積極的に受け入れられる組織風土である	1.4	2.0	-0.6
2	20代や30代の若手を管理職に抜擢している	1.5	2.5	-1.0
3	定期的に方針やビジョンおよび財務状況などを共有する機会がある	1.6	2.5	-0.9
No.	**GAPが大きい項目=改善点**	**社員**	**経営層**	**GAP**
1	あなたの周りではサービス残業がない	1.8	4.0	-2.2
2	上司と定期的な面談があるため評価の合意形成ができている	1.9	4.0	-2.1
3	あなたの周りではお客様や上司・同僚と業務外の時間に業務のやり取りをすることはない	2.2	3.5	-1.3

POINT 経営層と社員がともに点数が高い項目は会社の強みといえる。点数が低い項目やギャップが大きい項目は弱みとなるため、洗い出して改善し、強みに変える。

「本気で変えようとしてくれている」
「きちんと考えてくれている」
「希望があるかも」

と、**社員のやる気を蘇生させる取り組み**こそが大事なのです。

⑤フィードバックする

④で解説した「あきらめの状態」をつくり出さないためにも、**組織内分析の結果を社員にフィードバック**することが大事です。

たとえば何か試験を受けるとして、試験後に点数やどの問題を間違えたかのフィードバックがないとしたらどうでしょうか。「試験をする必要があるのか」と疑問に思ったり、真剣に試験を受ける気がなくなったりすると思います。

組織内分析の結果をフィードバックしなければ、社員は真剣に取り組んでくれず、あきらめの状態を生み出すことにもなりかねません。

仮に、会社として目を背けたくなるような事実が出たとしても、現実を見て社員にきちんとフィードバックする。それにより、会社が健全な形に変わることができるのです。

組織内分析はお金をかけず、簡単に実施可能

用意するのは「ツール」と「質問」の2つ

組織内分析を行うことは、決して難しいことではありません。外部委託しなくても、自社内でお金をかけず、簡単に実施することができます。

ここから、組織内分析をどんな項目で実施すべきかなどの具体的な内容をお伝えしていきますので、参考にし、実際に行ってみてください。準備するものは、次の2つです。

①アンケートツール

②アンケート項目

①は、「Google Forms」や「Microsoft Forms」など、無料で手軽にアンケートを作成できるツールを使用します。ツールとして必要になるのは、これのみです。

②のアンケート項目については、次ページのものを参考にしてみてください。

自社の強みや弱みは、ある程度把握していると思いますので、そうした一般的な質問よりは、**「社員に聞きたいこと」「社員の要望」などを中心**にすると、有益な結果が得られます。回答結果から自社の実情をしっかりと見ることができるように、次ページのものをベースにして質問内容を検討しましょう。

また、159~170ページに掲載している「カルチャーマスター」とアンケート項目をひもづけるのもおすすめです。回答結果を社内の改善に活用できるだけでなく、採用戦略にも役立てることができます。

アンケート項目数は、あまり多いと回答するのに手間がかかります。そのため、5つ程度のカテゴリーを用意し、各カテゴリーの設問は5問程度としましょう。これくらいの数でしたら、10~15分程度で回答可能で、回答する側の社員も負担なく行うことができます。

負担が大きいと、有効な回答が得られにくく、長続きもしません。

自社で組織内分析するためのアンケート項目

	アンケート項目
労務環境	①あなたの周りでは、サービス残業がない
	②あなたの周りでは、有給休暇は取得しやすい環境になっている
	③あなたの周りでは、セクハラ・パワハラなどのハラスメントはない
人事環境	①上司と定期的な面談があるため、評価の合意形成ができている
	②給与体系や昇格・降格の基準が全社員に開示されている
	③自身の頑張りが明確に給与や賞与などに直結する仕組みがある
働きがい	①相談したいときに相談する相手がいる
	②日報や月報、報告書などを提出するとフィードバックがしっかりある
	③改善提案が積極的に受け入れられる組織風土である
成長性と安定性	①他部署（たとえば営業・製造・事務など）との関係性が良好である
	②あなたの周りでは、顧客のクレーム・不満が放置されていることはない
	③ 20 代や 30 代の若手を管理職に抜擢している
人生とのリンク	①ライフステージ（結婚、出産、子供の成長、介護など）にあわせて柔軟な働き方（時短勤務など）を考慮してくれる
	②出戻り社員を再雇用するなど、成長するための退職ができたり、退職後も関係性が良好なケースが多い
	③長期入院や体調不良など、働けない状態になった場合に、休暇取得や柔軟な働き方を考慮してくれるため、安心して働ける

POINT 上記の項目を参考に、自社の分析に適した内容を考え、アンケートを実行することが大事。

☑ 分析結果を求職者に開示することの重要性

先述したように、**組織内分析を行ったら、その結果を社員にフィードバックする**ことが大事です。

では、社員だけでなく、求職者にも開示すべきでしょうか。

これについて経営者や採用担当者にアンケートを取ったところ、3社に1社は「開示したくない」と回答しました(29ページ)。

開示したくない内容としては次ページの通りで、1位は「組織風土(人間関係含む)」で、2位は「コンプライアンス遵守」でした。以下、上位5位までが、「給与などの待遇面」「自社の独自ルール」「離職率・定着率」となっています。開示するとマイナスに取られそうなことは、なるべく隠しておきたいという心情のあらわれかもしれません。

しかし、**組織内分析は、採用を強化するための一環として行う**ものです。

そのため、残業、賃金、働き方、業績、職場環境などの実態を伝えなければ、入社後のミスマッチにつながります。

また、組織内分析の結果をどうしても開示できないような場合は、早急に改善できるこ

自社の組織内分析を求職者に開示したくない理由

人間関係・賃金・制度・働き方・業績・職場環境・ハラスメントなどの実態についての社内アンケート結果を「求職者に開示したくない」と回答したのは、3社に1社（29ページ）。その上位の理由は、以下の内容となった（複数回答可）。

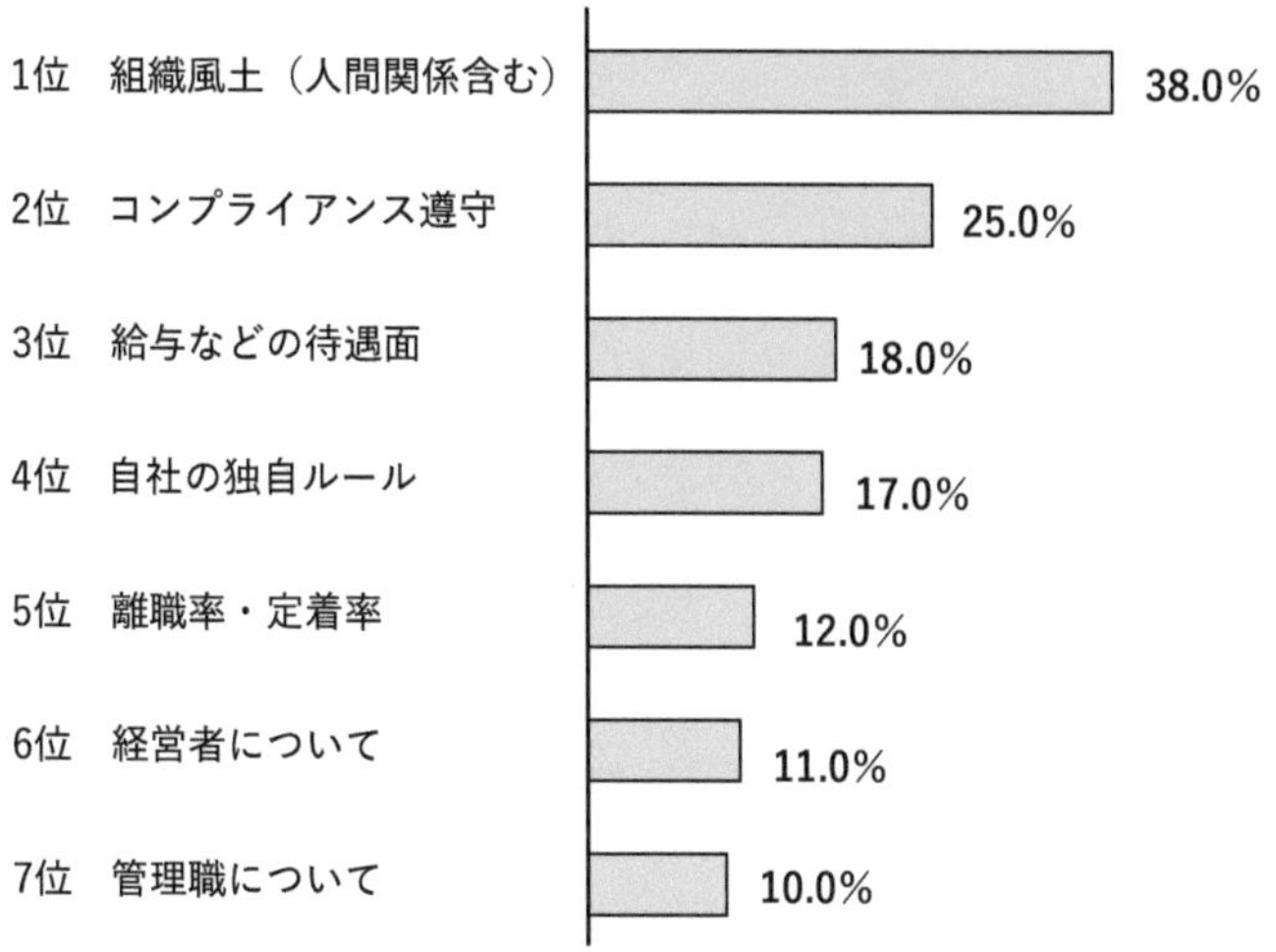

（企業向け・自社調査_2022年2月実施　n=266）

POINT 社員だけでなく、求職者にも自社の実情を開示することが大事。開示すると同時に、課題の改善にも取り組み、社員にも求職者にも魅力的な会社となるように努める。

とから着手し、改善の方向性とセットで伝えることなどを検討するのでもよいです。

過去にどういう取り組みをしたかによって、現在の組織ができ上がっているのであり、**現在の取り組みが会社の未来を明るいものにするか否かを決める**ことになります。

現状維持ではなく、**未来のために組織内分析で問題点を洗い出し、自社にあった解決策を探るべき**です。

それにより、**人材が定着し、強い組織に変わることができる**のです。

CHAPTER 3

人が「育たない」「定着しない」の改善方法

多くの中小企業が直面する2つの課題

経験者を採用しても成果が出るとは限らない

組織内分析で社内の課題を洗い出したら、それらの改善に取り組みますが、多くの中小企業が直面する人材に関する課題のなかで、よく見られるものは次の2つです。

①人が育たない

（1）教育の仕組みがないために、個人やチーム全体のパフォーマンスが低い
（2）会社内の意思疎通の不足により、業務効率が落ちている

②人が定着しない

（1）今の会社でずっと頑張れるか不安に思う

（２）優秀な人ほど辞めていく

これらの具体的な解決方法のひとつをご紹介します。まずは「**①人が育たない**」のひとつ目です。

（1）教育の仕組みがないために、個人やチーム全体のパフォーマンスが低い

社内教育において、次のようなことはないでしょうか。

- 新人が入社するたびに同じことをレクチャーしている
- 属人的なＯＪＴ（On the Job Training：実際の仕事を通して技術や知識を身につけさせる教育方法）のため、教育する内容に差がある
- 人が育たないことが課題のひとつにも関わらず、会社として手を打っていない

また、多くの中小企業では、教育を仕組み化することに対して

「準備する時間も実施する時間もない」
「教える人がいない」
といった「できない理由」を先に考えてしまい、なかなか教育制度の導入を進められないケースもあります。

人が育たず困っている。にも関わらず対策を打とうとはしない。

その結果、安易に、

「経験者を採用すれば大丈夫」

という発想をする企業が多くあります。

しかしながら今の時代、経験者（とくに管理職層）は、一般的な採用手法や平均的な採用単価で採用することは極めて難しいです。そのため、バリバリの経験者ではないにしても経験がある**「微経験層」を採用し、教育していく**ことも必要になります。

また、経験者を採用できたにも関わらず、「成果が出なかった」というケースもよくあります。なぜこのようなことが起きるのでしょうか。それは、

「会社ごとにルールや仕組み、成り立ちが違うから」

です。

食事のときに「箸を使うのか、フォークとナイフを使うのか」の違いがあるのと同じで、会社が違えば環境も異なります。それなのに「同じ職種・業界の経験者だから、何も教えなくても前職と同じように活躍してくれる」と考えるのは、間違っています。

経験者であっても教育は必要なのです。

☑ 6か月で昇格者を生み出した教育の5つのステップ

では、どのような教育を行うべきなのでしょうか。

あるコンサルティング会社では、新しく入社された方などに向けて、**「社内大学（教育制度）」を実施**しています。

この会社に、営業兼コンサルティング職として入社された方がいました。入社するまでは調理師として活躍していましたが、業界・職種ともに完全未経験でした。

ところが、入社後に社内大学を実施したところ、入社からわずか6か月で、お客様からの厚い信頼を得て6件の新規案件を受注し、セミナーに登壇するまでになって昇格を果たしました。

まさに大活躍といえますが、その要因にもなった社内大学の内容を紹介します。

STEP 1 自走できるまでの教育カリキュラムとスケジュールを具体的に設計

入社後、

「いつまでにどの順番で何をするのか」

「期間内でどのような状態になっていればよいか」

などの**目標を明確にした一覧を事前に共有**します（次ページ）。

たとえば、「入社1週間ではこのコンテンツをもとに社内の制度やツールを知りましょう」「入社後1か月以内には1人でこの資料を作成できるようになっていましょう」といった内容を一覧にするイメージです。

そして、各教育カリキュラムについて「3回の受講で修了」「上司のOKをもらうことで合格」「レポートを提出」といった**明確な合格基準を設けて、受講者が全体のカリキュラムのなかでどのステップまで進んでいるかも客観的にわかるようにします。**

これにより、新人から「ここまで勉強したのですが、次は何をしたらいいでしょうか」

社員の成長をうながす社内大学のカリキュラム例

わずか6か月で新入社員が昇格に至るまで成長した、社内大学のカリキュラム。
「いつ・何をするか」「どうすればクリアになるか」を明示する。

実施内容		クリア基準	入社1か月				入社2か月			
			1w	2w	3w	4w	1w	2w	3w	4w
インプット	社内制度・ツールの使用方法・業界知識・サービス知識などの研修映像をもとに学習	指定の全インプット映像を視聴	●	●	●					
筆記テスト	事前に開示された「問題・解答」をもとにランダムな20問の筆記テストを用意して実施	15点以上でクリア			●					
シャドーロープレ	ロープレ用の映像をもとに流れを一通り覚え、自身で20回ロープレを実施。録画を他者に確認してもらい、3回はフィードバックをもらう	20回実施＋3回フィードバック			●	●	●			
商談ロープレ	他メンバーと20回商談ロープレ（または納品ロープレ）を実施。最後は上司とロープレを実施	上司のOK					●	●	●	●
納品ロープレ							●	●	●	●

POINT 実施内容やクリア基準などを明確にすることで、既存社員側の負担を押さえられ、受講者側も目的意識を持って取り組むことができる。

などの質問が減り、既存の社員は教育にそこまで時間を割かずに済むようになります。

新人としても、「課題を順調にクリアできている」という成功体験を繰り返し得ることができ、仕事に前向きに取り組むことができます。

STEP 2 ＯＪＴではなくＯＦＦＪＴ動画で基礎知識を身につける

社内大学で実施しているひとつ目のコンテンツは、**「インプットトレーニング」**です。

入社後2週間はインプットがメインで、会社情報、サービス内容、人事制度、社内で使用しているツールの操作方法、業界知識、営業知識、納品知識、競合情報などを学ばせていますが、この会社の社内大学の特徴は、**教育内容のすべてを計１００種類以上の映像コンテンツにしている**ことです。

ＯＪＴではなくＯＦＦＪＴ（Off the Job Training：教育のための時間と場所を実際の仕事から離れて別に設け、仕事に必要な技術や知識を身につけさせる教育方法）にしているのですが、教育動画を順に視聴していくことで、自然とインプットできるようになっています。

また、次の STEP 3 では、映像から学んだ内容に関するテストを実施しますが、この会社ではそのことを事前に伝えています。**インプットトレーニングへの向きあい方がいい方向に変わってくる**ためで、これも教育におけるポイントといえます。

教育内容を映像にするのは、時間や労力が必要になると思われるかもしれません。

ですが、次に新しく入社した社員に教育する際に、その様子を録画しておくだけで済みますし、以後に新しく入社があっても、「既存社員が時間を割かなければならない」「入社するたびに同じことを教えなければならない」ということをなくすことができます。

STEP 3 筆記テストを行い、インプットの質を計測する

「筆記テスト」と聞くと学生のころが思い出され、「面倒だな……」と思う方もいるかもしれません。でも、それとは別物です。

STEP 2のインプットトレーニングで学んだ内容を対象とし、問題と解答が事前に示された100問程度の問題集からランダムで20問が出題される、いわゆる**暗記テスト**です。

また、不合格だったとしても、ペナルティなどはありません。テストとはいいながらも、STEP 3の位置づけは、「最短で独り立ちするための準備」です。そのため、合格・不合格は重要ではなく、**お客様に対して商品のよさなどを、自信を持って自分の言葉で伝えら**

れるようになることが目的です。

100問の問題集を作成するには、時間と労力が必要になりますが、それを行ってもなお余りある効果が得られます。

STEP 4 既存社員の時間と労力を要さずにアウトプット力を向上させる

次のステップでは**「シャドーロープレ」**を行っています。

シャドーロープレとは、お客様に対して行う提案やサポート内容を、先輩や同僚を相手練習するのではなく、1人でひたすら話すトレーニングです。

先輩社員のロープレ映像を何度も見て、その内容を自分の言葉に落とし込んで話します。その様子を自分のスマートフォンで撮影して見返し、内容や伝え方の改善を行います。

自分の映像を見ると話し方などが気になる人もいますが、この段階では、テクニック的な改善点は置いておき、まずは**基本的な知識や流れを自分自身に落とし込む**ことが大事になります。もちろん、先輩社員に自分のロープレ動画をチェックしてもらうのはよいですが、それは次のSTEP 5で実施します。そのためここでは、既存社員の時間や労力は要さずにセルフチェックで行うにとどめ、**目をつぶってでも言葉がスラスラ出てくるレベルに**

まで繰り返し行います。

STEP 5 対面ロープレを実施する

シャドーロープレをクリアすると、次は**「対面でのロープレ」**を行っています。

商談や納品の折衝をするイメージで、インプットトレーニングやシャドーロープレで習得したことをもとに、上司や先輩を相手にやり取りを行います。

ルールはひとつで、そのロープレの間は、何があっても上司や先輩は、完全にお客様になり切るということです。新入社員の言葉がつまろうが、説明が間違っていようが、決めた時間内では指摘やフォローはしません。途中でさえぎったり、アドバイスしたいという気持ちになったりすることがありますが、それを行うのはすべてが終わったあとです。

STEP 5では、**できるようになるまで何度も繰り返し行います。**

そして、先輩から「合格」を得ると、最後に上司と**「商談ロープレ」**をしています。これで合格が出れば社内大学は卒業となり、実務スタートとなります。

実施期間は1～2か月で、卒業のころには、2か月前の自分からは想像もつかないほど知識も技術も向上しています。

この会社では、「たとえ当社を退職したとしても、次の職場で一流のパフォーマンスを発揮し、自分の人生を豊かにしていける人材になってもらいたい」との思いから、社内大学をスタートしました。

今の時代、「企業に属する」よりも**「企業に属する・属さないも含め、自分の人生を自分で意思決定する」ほうが優先順位が高いと考えている人が増えている**ためです。

また、そうした方針にも共感して入社しているため、入社した時点で成長意欲が高い人も多く、それにより教育制度としても定着しており、**「採用➡成長➡定着」の好循環も生まれています。**

☑ 社内教育を実行・継続するための2つのポイント

職種によっては105ページにあるように、さまざまな社員向けのトレーニングを用意することができます。

そのなかでとくにお伝えしたいポイントは、2つです。

効果的に教育できる社内大学の全体像

①カリキュラムの作成	入社後、「どの程度の期間で」「どのような順番で」「どのような内容を」実施するのかを可視化する。これにより、その都度指示することがなくなる
↓	
② OFFJT	社内制度・各ツールの使用方法・業界知識・サービス知識などを映像化する。これにより、教育の品質の安定と、時間や手間の削減につながる
↓	
③筆記テスト	筆記テストを実施する。これにより、OFFJT の内容を正しく実際のビジネスシーンなどを想定し、インプットしているかや、不足している内容を把握することができる
↓	
④シャドーロープレ	顧客と関わる社員の場合、仕事上で商談や納品などを行う。そこで、実際のビジネスシーンなどを想定し、インプットした内容をアウトプットするトレーニングを実施
↓	
⑤実践ロープレ	シャドーロープレを経て、対面ロープレでのトレーニングを実施する。これにより、より効率的かつ効果的に自走社員への教育を行うことができる
↓	
自走社員として実務をスタート!	

POINT 最終的に自走できるようになることを目標として、カリキュラムの作成から実施までを社内で行う。そのために必要なことを検討して、無理のない教育体制を構築する。

①できる限り既存社員の時間と労力を割かない内容にする
②既存社員はメンタルや不安な点の解消などの「コミュニケーション」に時間を割く

既存社員が教育にばかり時間を取られてしまうと、教育制度自体が長続きせず、本業の売上なども伸びにくくなります。そのため、**なるべく時間と労力をかけないようにする**ことが大事です。その点でも、先の社内大学の実例にあったように、動画などを活用すると効率的です。

また、既存社員の教育に割く時間を削減すると、その時間を新人とのコミュニケーションに使うことができます。これにより、新人の学習モチベーションを高めることができ、より有益な教育制度になっていきます。

☑ 社内教育がもたらす採用活動への好影響

こうした社内の教育制度と採用活動には、関連性もあります。

社員が育つ７つのトレーニング例

①知識の習得（OFFJT 映像）	例 会社・部署の方針、規則の説明、サービス内容、業界知識、論理的思考力、問題解決力、リーダーシップ力、マネジメント力などの映像を視聴して学ぶ
②思考力トレーニング	例 実際の業務や生活から取り上げた複雑な問題について、個人またはグループで解決策を考え、グループ間で討論する
③ディスカッショントレーニング	例 実際のビジネスシーンを模倣して参加者に異なる役割を与えて、参加者はその役割になりきってディスカッションする
④ PC トレーニング	例「マニュアル自動生成ツール」を活用し、PC 上での実業務のオペレーションテストを繰り返し実施する
⑤技術トレーニング	例「基礎教育」「実践ワーク」「応用ワーク」などの段階的なカリキュラムを設け、実践と定期的な品質チェック（フィードバック）を繰り返す
⑥ライティングトレーニング	例 映像や題材・読者・コンセプト・文字数・時間を提示し、定められた枠組みのなかで文章を書く
⑦その他職種別トレーニング	例 営業・接客、製造、IT 技術、クリエイティブ、マーケティング、広報、人事、商品開発などの各職種に応じたトレーニングを受ける

POINT 職種にあわせて社員にトレーニングを行い、「仕組み」によって人材を育てる。

転職などを考えるうえでは、年代を問わず71％が「転職後の会社に教育制度があると安心する」と回答しています（次ページ）。

このことからも、リスキリングやリカレント教育が注目を集めている昨今、**社内に教育制度があるか否かも、求職者がキャリアアップを考えるうえで非常に重要な要素**になっているといえます。

裏を返せば、社内教育制度を充実させれば、採用活動においてそのことを求職者にアピールすることができ、応募率の向上につなげることも可能になります。

- **社内のパフォーマンス向上**
- **採用力の向上**

教育制度には、この両面でメリットがあります。

採用に成功し、強い組織に変わるためには、社内教育は必要不可欠な仕組みといえます。

社内教育の充実度が採用力の向上につながる

Q 転職する企業に教育制度があると安心しますか？

（従業員向け・自社調査_2023年2月実施　n=551（20〜40代））

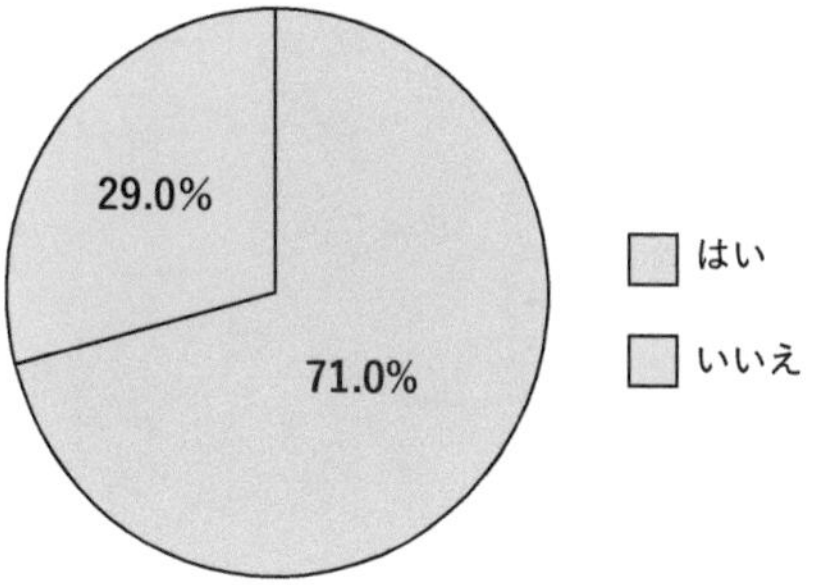

年代別データ

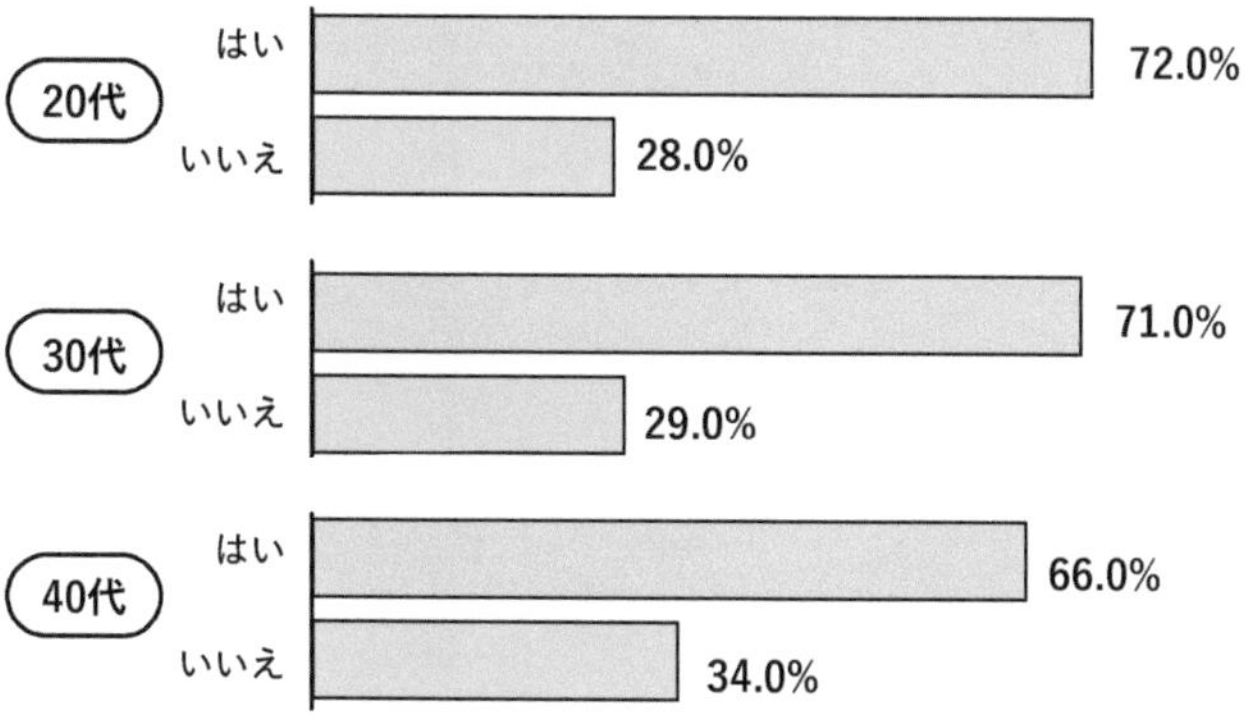

POINT およそ7割の人が転職先に教育制度があることに安心感を持っているため、教育制度は、既存社員のパフォーマンスの向上だけでなく採用力の向上にも影響する。

非効率な作業を生む情報共有の不備

☑「可視化」と「ナレッジの蓄積」で生産性を向上

次に、「①人が育たない」のもうひとつの課題である

（2）会社内の意思疎通の不足により、業務効率が落ちている

を解説します。

仕事上で、次のようなトラブルを見たことがあるでしょうか。

お客様から今日、注文書が届くことになっていました。しかし、お昼をすぎても夕方に

なっても届いていません。やむなくお客様に「いつごろいただけそうでしょうか？」と電話でうかがうと、「今日の朝イチに送っていますが……」といわれました。

あわてて社内で確認すると経理部が受領していたことがわかり、問いただすと「急ぎではないと思ったので、あとでほかの書類と一緒に持っていこうと思っていた」とのことでした。お客様にはお詫びの電話を入れ、ようやく仕事を進めることできました。

社内におけるこうした情報共有の不備は、割と起き得ることですが、誰が悪いわけではありません。**情報共有の仕組みを社内で構築できていなかったことが原因**です。

情報共有やナレッジ・マネジメントがうまくいっていない組織では、次のようなことが起きがちです。

- 業務が属人化していて、引き継ぎに時間がかかる（担当者が離職すると業務が滞る）
- 情報共有が口頭のため、1回で覚えられない（必死にメモを取り、何度も見返す）
- 新人が入社するたびに同じことを伝えている
- 担当者によって成果物（お客様向けの資料など）が異なる

● IT化ができない（ITツールを導入して効率化を図ろうとしたが、仕様が整理されていないために進めることができない）

こうしたことの解決策としては、大きく2つの取り組みがあります。

①業務フローの可視化・マニュアル化

たとえば、業務マニュアルの作成においては、自動作成ツールなども活用し、多くの業務のフローを可視化します。これにより、

「引継ぎに工数がかかる」

「業務の全体が見えていないためにIT化ができない」

ということがなくなり、業務がスムーズに進みます。

②ナレッジの蓄積

ナレッジ・マネジメントツールを活用し、「顧客支援における成功・失敗事例（クレームや顧客の声含む）」「サポート資料」「提案資料」などを一元管理します。これにより、

「新入社員が入るたびに共有する手間」
「品質のムラ」
が軽減されます。

ナレッジ・マネジメントとは「知識を共有すること」ですが、情報やデータを蓄積することだけが目的ではありません。

会社のルールなどを含めて、社員同士の情報共有、会社とお客様の情報共有までを適切に行うことが目的で、これにより**お客様に無駄なく適切にサービスを提供することが可能**になります。

また、情報共有とナレッジ・マネジメントの仕組みを構築することは、生産性の向上にも寄与します。

こうした点から、これも教育の仕組みのひとつといえます。

人の定着にはキャリアパスの明確化が重要

☑ ライフプランとキャリアプランの密接な関係

ここからは「②人が定着しない」について解説していきます。まずは、

（1）今の会社でずっと頑張れるか不安に思う

です。なぜこのような不安を持つかについては、「キャリアプランが不明瞭」「将来（数年後）の自分のキャリア・年収・業務内容が見えない」などがあります。

キャリアプランとは、自分の仕事や働き方について「理想とする将来像とはどんなものか」を考え、それを実現するために具体的に計画することをいいます。キャリアプランは

ライフプランと連動していて、たとえばライフプランには、

「35歳のときには外車に乗っていたい」

「将来はタワーマンションに住みたい」

「家族と不自由なく暮らせていれば、それだけで十分」

など、いろいろなものがあります。いわば、自分が思い描く数年後の生活像のようなものです。


たとえば、「将来はタワーマンションに住みたい」というライフプランを描いた場合に、

将来はタワマンに住む

⬇

**そのときには
年収 1,000 万円くらいに
なっておかないといけない**

⬇

**年収 1,000 万円になるには、
部長になる必要がある**

⬇

**部長になるには、
チームをもって
部下をマネジメント
できないといけない**

⬇

**そのためには、まず
「3 年後までに
係長になる必要がある」**

と考えるのが、キャリアプランです。**ライフプランの目標と連動して自分のキャリアを考え、具体的な目標を考えます。**

25歳・一般職・年収350万円の会社員Aさんが「30歳で年収1000万円になり、タワーマンションに住みたい」というライフプランを持っていたとします。

これに対して、「そもそも今の会社では5年間で350万円から1000万円の年収にはなれない」としたらミスマッチです。

また、会社によっては、そのような仕組みや規定すらなく、5年で年収350万円から1000万円になれるかどうかすらわからない、ということもあります。

つまりAさんは、自分が将来どんなポジションで、どんな仕事をし、どんな年収になって、どんな生活を送っているかの想像がつかないまま働いているというわけです。

キャリアパスを明確にするための5つのポイント

この解決策はシンプルで、**「キャリアパスの明確化」**です。

キャリアパスとは、社内にある職種や職位ごとに、業務内容・年収・働き方などを可視化した仕組みであり、具体的なライフプラン設計をするためのものです。これにより自分の将来的なキャリアプランをイメージすることができます。

社内にキャリアパス制度があることにより、具体的には、次のような基準や役割が明確になります。

- **何をすれば昇格できるか**
- **各職位ではどのような業務が対象になり、年収はどのくらいか**
- **各職位ではどのような権限を持ち、どのような働き方をしているのか**

「将来どのようなキャリアを形成するのか」「どのようなライフプランが描けるのか」を具体的にイメージするための仕組みで、働きやすさやモチベーションの向上、そして、その先にある**定着率の向上にもつながります。**

キャリアパスでは、大きく5つの仕組みが必要です。

①職位ごとの定義

・自社にはどのような職位があるか

・各職位で求められる職務内容はどのようなものか

・各職位ではどのような権限を持っているか

②所属ごとのキャリアの道筋

・所属している部署や職種において、入社後にはどのようなキャリアの道筋があるか

たとえば、営業部に入社後、「将来的には営業・マーケティング・カスタマーサクセス・営業事務の4つの職種に配属希望を出すことができる」　など

③所属・職位ごとの年収イメージ

・年収イメージを可視化した賃金テーブルを作成

営業部で一般職＝年収400～500万円

管理部で部長職＝年収700～1100万円　など

役割などが明確なキャリアパスのイメージ

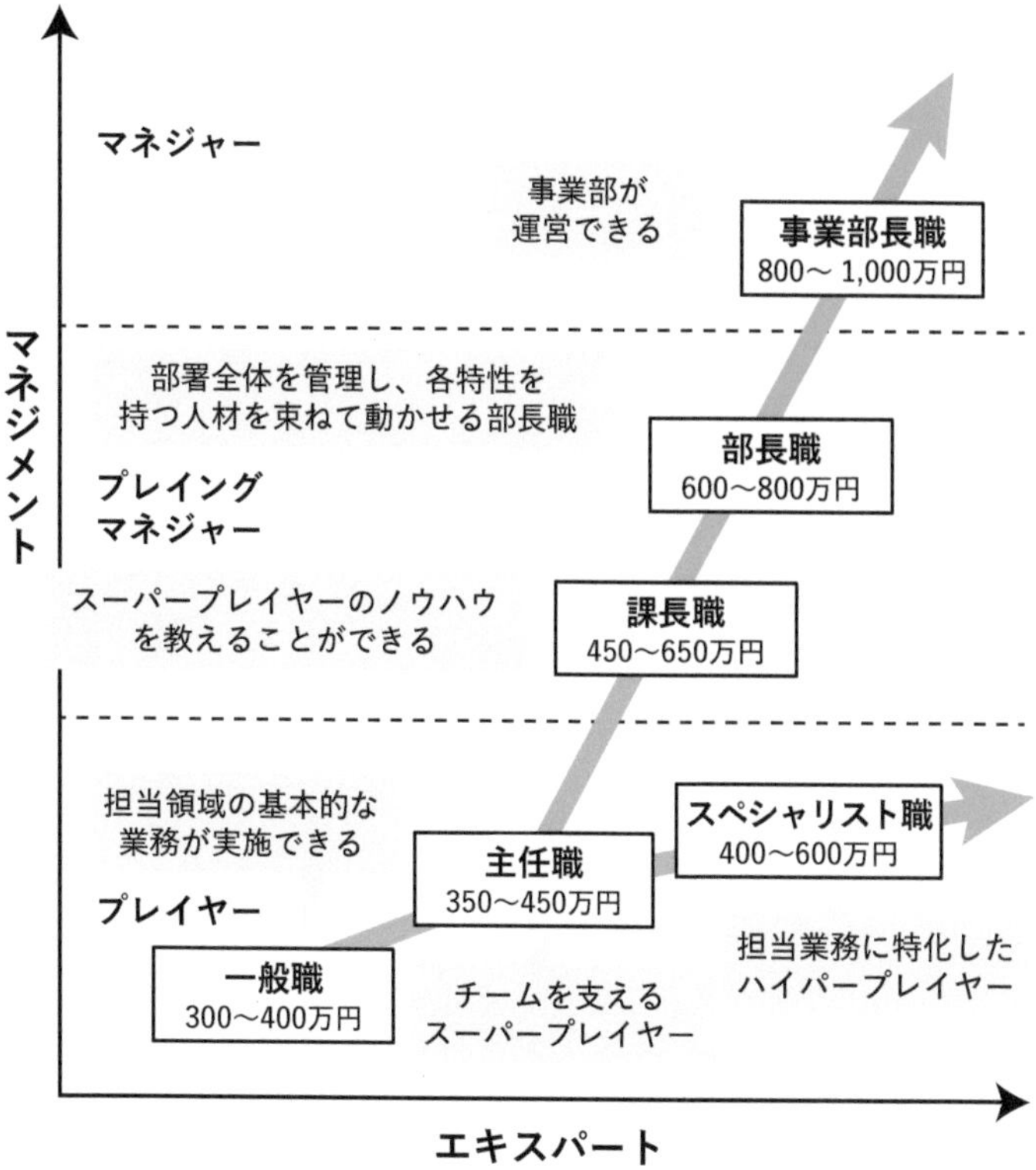

POINT それぞれの職位で、何が求められ、どのくらいの年収になるかが明確になると、仕事へのモチベーションが上がり、ひいては社員の定着率も上がる。

④所属・職位ごとの業務内容

- 部署や職位によって異なる業務内容を明確化する

たとえば「エンジニアのマネジャー職＝顧客予算に応じてＩＴ技術を活用した解決策を提案するための先端技術を習得しており、部下に対して技術共有を行っている。部下のアウトプットに対し、改善をうながすレビューを実施することができる」　など

⑤昇格・降格の基準

- 何をすれば（できるようになれば）一般職から主任職に昇格できるのか
- 何をしてしまった場合に降格の対象となるのか

こうした**キャリアパスを具体的に決めて、提示する**ことが大切です。

職位ごとで求められることのイメージ

課長	部長
会社の方針・行動規範・中期経営計画の立案に関して、一部を担うことができる	会社の方針・行動規範・中期経営計画を社会の変化や組織の状況にあわせて策定できる
会社の目標をもとに、上司とともに部署の方針・目標を策定できる	部下に会社の方針・目標を説明し、各人の役割を認識させることができる
部署の方針をもとに、チームの具体的な目標計画を策定できる	部署の売上・営業利益・運営水準の維持・向上ができる
チームの売上・営業利益・運営水準の維持・向上ができる	部署目標と現状の乖離を把握し、具体的な改善策を提案・実行できる
チームの目標、計画に対する達成度を検証し、課題に対しては次の対策案を提示・実行できる	やる気と意欲のある部下・後輩に、思い切って仕事を任せ、のびのびと仕事をさせられる
部下に自部署の方針・目標を説明し、各人の役割を認識させられる	部下・後輩を分けへだてなく公平に接し、ほめる・叱るを使い分け、指導育成に取り組める
部署内のメンバーから信頼され、悩みを聴ける雰囲気づくりができる	顧客や取引会社と締結する契約内容を理解したうえで対応できる
業務上の指示・命令を率先して守り、部下にも徹底させられる	顧客・外部からのクレームを理解し、解決策の立案ができる
経営層と密に事業方針に関するコミュニケーションが取れる	新市場・新技術・新商品に関する有益な情報を収集し、社内に発信できる
社外の団体や社外コミュニティに参加し、社会貢献に意欲的に取り組める	会社の発展のために、会社を代表して社外の団体や社外コミュニティに参加できる

POINT それぞれの職位での業務内容や役割などを明確にすることで、社員の目標が定まる。

将来が明確になる評価制度で定着率がアップ

☑「絶対評価」と「マイナス査定」の重要性

次に、**「②人が定着しない」**のもうひとつの課題である

(2) 優秀な人ほど辞めていく

についてです。

よくある要因としては、「仕事への頑張りと報酬の連動が不明瞭かつ魅力的ではない」「昇給や賞与のルールがブラックボックス化している」などがあげられます。

生きていくうえでお金は、切っても切り離せない人生の一部です。自分の大事な時間を費やして仕事をしているわけですから、「今後どうなるのか」のイメージがないまま、暗いトンネルを歩いているような感覚では、仕事をすることが難しいです。

仮に社長が「頑張ったら悪いようにはしない」といったとしても、何の保証もありません。**言葉だけで頑張れる人はごくわずか**です。「何をすればいくらの給与になる」という具体的なイメージを持てないまま働き続けることに不安を覚えるのは、自然のことといえるでしょう。

そのため、**社員の将来が明確になるような評価制度を設ける**ことが大事です。

評価制度で大事なポイントは、2つあります。

①絶対評価を取り入れ、会社の業績と個人の目標を連動させる

絶対評価とは、周りの成績に左右されることなく、決められた基準にもとづいて評価される手法です。会社の業績がよければ多くの社員が大きく昇給となり、業績が悪い場合には、昇給者は少なくなります。

そのためにまずは、会社全体の利益や売上目標をKGI（経営目標達成指標）として設定します。そして、KGIをもとに、チームや個人のKPI（業績管理評価のための重要な指標）を設定します。さらに、社員は自身のKPI達成のためにどのような行動をとるべきかを考えて目標を決めます。

つまり、各社員がそれぞれの目標をクリアすることで個人のKPIが達成され、チームのKPIも達成され、結果的に会社の目標であるKGIもクリアされる、というものです。

そうすることにより、個人の評価と会社の業績が連動するため、**会社目線では、絶対評価での報酬との連動がしやすく、社員目線では、自身の頑張りがどのように給与に連動するかが明確になります。**

②マイナス査定＝給与を下げる仕組みを取り入れる

「給与を下げる仕組み」といっても、人件費を下げることを目的とするものではありません。マイナス査定を取り入れるのは、**成果を出している人により多く昇給**するためです。

モチベーションが上がりやすい給与の仕組み

- 成績を上げても号俸の増減に差が出ない給与設定よりも、成績を上げた人がより給与が上がるほうが、優秀な社員のモチベーションが上がりやすい。

ランク	D	C	B	A
評価点	40点以下	41〜60点	61〜80点	81点以上
号俸増減	±0	+1	+2	+3

評価点を細分化すると、より給与に差をつけることができる！

ランク	H	G	F	E	D	C	B	A	S
評価点	20点以下	21〜30点	31〜40点	41〜50点	51〜60点	61〜70点	71〜80点	81〜90点	91点以上
号俸増減	−4	−2	−1	±0	+1	+2	+4	+6	+8

- 昇給額が会社全体で3万円だった場合に、一律に上げるのでは優秀な社員から不満が出やすい。

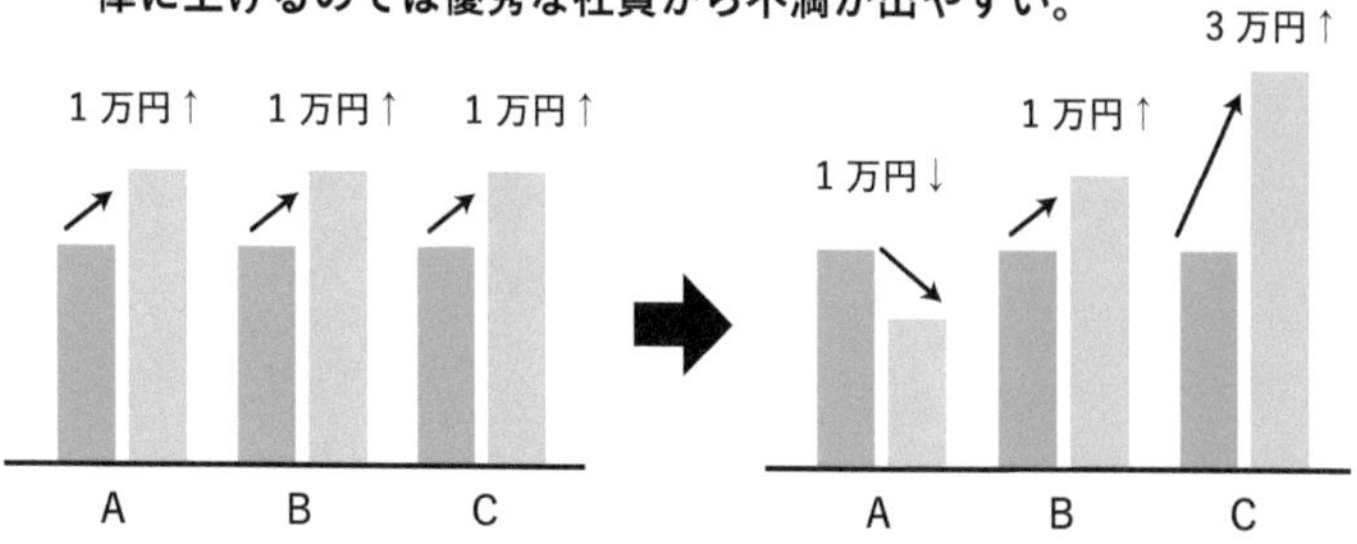

POINT 成果を上げた・上げられなかったことで、プラスやマイナスの査定がされる仕組みをあらかじめ明確に設定しておく。これにより優秀な社員のモチベーションや定着率が上がる。

マイナス査定の仕組みを導入する際は、次の4つに注意する必要があります。

①減給幅は、給与の10%未満に設定する
②変更した制度の全体（とくにマイナス査定になる条件など）を説明し、社員と合意する
③査定の結果を反映するまでに、面談などで、上司側から再三の改善をうながす
④改善をうながしていたことがわかるように、面談での合意事項などのエビデンスを残す

評価が低ければ給与が下がる仕組みを取り入れることにより、評価が高い社員（仕事ができる社員や成果を上げている社員）に対して、今まで以上の大幅昇給ができるようになります。

人手不足や転職が当たり前の時代においては、

「給与が下がる仕組みのない会社には、優秀な人材が定着しづらい」

ともいえるでしょう。

これからの時代の評価制度においては、「頑張っている社員が報われる仕組み」ではなく、**「成果を上げた社員が報われる仕組み」**である必要があります。

CHAPTER 4

中小企業にこそ求められる正しい採用戦略

単調なアプローチでは採用のアドバンテージは取れない

採用難はより深刻化し、採用競争はより激化する

「採用活動」とは、どのような活動を指すでしょうか。

「求人媒体に掲載し、求職者からの応募を待ち、応募があると面接を進める」

「人材紹介会社に任せて、紹介があった求職者と面接を進める」

でしょうか。求職者が多い買い手市場であるならば、これでもよいかもしれません。

しかし、今の日本は、少子高齢化により労働人口が減少し、また、終身雇用制度がなくなりつつあり、転職は当たり前に行われるようになりました。働き方の多様化が進んでフリーランスや副業人材も増加しています。

「はじめに」でも述べたように、約70％の企業が人手不足を感じており、79％の経営者・

採用担当者は採用に苦戦していると回答しています。「あれやこれやと手を尽くしても応募が来ないので、定型業務はアウトソーシングをメインに進めていくことにした」といった話を耳にすることも増えてきました。

雇用環境の変化によって採用状況が非常に厳しくなっているため、**「求人媒体に求人を出して応募者を待つ」「人材紹介会社に依頼してお任せする」という採用活動だけでは、応募がたくさん集まることはなかなか期待できない**のです。

こうした状況をふまえ、大手企業をはじめとして採用活動に成功している会社は、今まで以上に工夫と改善を繰り返して採用活動を行っています。

一方で、人手不足に陥っている会社の多くは、これまでと同じ採用活動を続けており、50ページなどで述べた悪循環から抜け出せないままでいます。

今後、採用競争がさらに激化していくことが予想されるなか、人手不足を解消したいのであれば、買い手市場の時代に行われていた単調な採用活動ではなく、**採用戦略や人事戦略をねったうえでアクションに移す**ことが大事です。

採用活動に苦戦している会社の3つの勘違い

では、具体的にどのような採用活動を行うべきでしょうか。昨今の採用活動でよく見られる3つの勘違いをもとに解説します。

勘違い①転職活動中の求職者（顕在層）だけにアプローチする

転職活動における従来の求職者の動向は、

「勤めている会社を辞めると決めてから転職活動を行う」

ことが当たり前でした。

そのため会社側は、基本的に「転職活動中の顕在層」をターゲットにしていました。さらに、買い手市場の時代においては

「採用媒体に掲載し、待っていれば応募が集まる」

「もし退職者がいても容易に採用ができる」

という状況でした。

しかしながら、終身雇用が当たり前だった時代に比べて今の世の中は、情報化社会や多様な働き方の浸透によって転職のハードルが下がりました。これにより、転職活動における求職者の昨今の動向は、これまでとは異なり

「勤め続けることも選択肢に入れながら転職活動を行う」

が基本です。そのため会社側としては

「転職も考えようかな」

「ほかの職種にチャレンジしてみようかな」

といった「転職の潜在層」をターゲットにし、そのうえで「求職者を待つ」のではなく、

「会社側から積極的に多くの情報を発信する」

必要があります。

転職活動中の顕在層にアプローチしたとしても、その求職者はすでに多くの会社からアプローチされている可能性があります。

スタートで出遅れている可能性がありますので、顕在層にアプローチするだけではなく、

潜在層に対しても積極的に情報を発信し、その人材が顕在層になるまでナーチャリングす

る（転職・就職を見込んでいる人材が転職・就職活動をはじめるに至るまで育成する）ことが、採用活動の成功のカギなのです。

勘違い②自社にもっとも適した採用ツールだけを採用する

自社に適した採用ツールを探すことは、採用活動において非常に重要です。

ただ、採用予算やリソースが限られていると、自社にもっとも適したツールを求め、「そのひとつだけ」にこだわって採用活動をするケースがあります。

しかし、これは間違いです。

採用難の時代において、**「ひとつの手法だけで採用活動が成功する」と考えるのは危険**です。

複数の施策を試すことでより多くの求職者に情報が届き、結果的にいずれかの手段やツールから応募へとつながります。

勘違い③業界の相場より給与などの条件がよければ応募が集まる

求職者からの応募が集まらなかった際の振り返りとして、

「給与が相場よりも低い」

「年間休日が他社よりも少ない」

「業界的に残業時間が長い」

などと考えることがあります。

給与設定などの条件面がよいと、競合他社との差別化を図るうえで優位性を持つことができます。

しかし、20〜30代の若手人材の価値観は、これまでと大きく変化してきています。

そのため、**求職者が会社に求めることをしっかり理解したうえで差別化を図っていく**必要があります。


従来の求職者の価値観としては、「給与」「福利厚生」「会社の安定性」「労働時間・日数」などを重要視する傾向にありました。

しかし、昨今の求職者の価値観として多いのは、

「給与は高いに越したことはないが、仕事のやりがいなどほかにも重視することがある」

「休日数が多く、残業時間は短いのが当たり前」

「社内の人間関係や文化・スキルアップできる環境も重要」

などです。

つまり、「業界の相場より給与が高い」「競合他社よりも休日数が多い」「残業時間が短い」といったことは、求職者にとって重要なことではあるものの、それだけで差別化を図ることは難しくなってきているのです。

こうした3つの勘違いをもとに具体的な対策を計画し、アクションを起こしていくだけでも現状の採用活動が大きく改善されます。

次のセクションからは、より具体的な対策や手法を解説していきます。

採用に苦戦する企業の3つの特徴

①	②	③
顕在層へアプローチ	**自社にあったツールを選定（単調な攻め方）**	**処遇・福利厚生を改善**
転職活動中の求職者にアプローチするのがいいはず……	この媒体・この方法を使えばなんとかなるのでは……？	給与設定を上げたので経験者を採用できるはず……

しかし実際は……

終身雇用の縮小（転職の当たり前化）	**人手不足の時代（とくに専門人材や経験者）**	**求職者の価値観の変化（待遇改善は前提）**
ほとんどの転職者は企業に属しながら転職活動する	このツールに頼ればなんとかなるという甘い時代ではない	待遇面以外で差別化する必要がある

若手求職者の価値観は変化し、給与なども大事だが、人間関係や働き方、スキルアップを重視する傾向にある。

	①	②	③
従来	給与	福利厚生	安定性
昨今	人間関係 企業文化	働き方 ライフプラン	スキルアップ キャリアプラン

POINT 求職者の価値観などをとらえ、適切なツールを活用して適切なアプローチをすることが採用力の強化につながる。

「採用活動」と「採用広報活動」で情報戦に勝つ

✔ 採用における2つの活動の違い

具体的にはまだ転職活動を行っていないものの、転職がぼんやりと頭にある「潜在層の求職者」をターゲットにするうえでは、

「採用活動が中長期的な施策になる」

ことを前提にしておく必要があります。

たとえば、求人媒体に4～8週間掲載する短期的な施策では、顕在層の求職者にしかアプローチができません。

一方で、半年以上にわたって情報を蓄積して掲載できる施策では、潜在層にもアプローチすることができます。

前者の短期的な施策は、いわゆる「採用活動」が重要となり、後者の中長期的な施策は「採用広報活動」が重要となります。

採用においては、この「採用活動」「採用広報活動」の2つを併用して進めることで、顕在層にも潜在層にもアプローチでき、**他社との情報戦でも優位なポジションで進めることができます。**

☑ フロー型コンテンツとストック型コンテンツ

話は少し変わりますが、学生のころの勉強はどのようにしていたでしょうか。テストの前に猛勉強した人もいれば、毎日コツコツと勉強していた人もいると思います。

私も学生時代に先生から

「テスト前に追い込むのも大切だけど、日々コツコツと勉強するほうが大事」

といわれたことが思い出されますが、採用活動も同様です。

採用活動や採用広報活動でおもに使われるコンテンツは、「フロー型」と「ストック型」

の2つに分けることができます。フロー型コンテンツが「テスト前の追い込み」、ストック型コンテンツが「日々の勉強」とイメージするとわかりやすいです。

①フロー型コンテンツ

期間限定で使用し、認知（PV：page viewの略。Webサイト内のページが開かれた回数）に大きく影響するコンテンツ。

【例】求人媒体、Web広告など

●特徴

- 短期的な掲載が前提
- コストは比較的高いことが多い
- 掲載が終了すると公開されていた情報は閲覧できなくなるが、公開期間中は一定の効果が見込める
- 給与や労働時間など、判断しやすい基準や定量化できる基準で差別化する必要がある
- ストック型と比較すると、短期間で大きな効果を発揮する

②ストック型コンテンツ

半永久的に掲載情報が残り、ブランディングやナーチャリング、意思決定率（CVR：conversion rate：コンバージョン率のこと。Webサイトにアクセスした数のうち、購入や契約などの成果に至った割合）に大きく影響するコンテンツ。

【例】採用ブログ、SNSなど

●特徴

- 中長期的な掲載や蓄積が前提
- コストは比較的低いことが多い
- 運用に時間や手間がかかる反面、運用が安定した先には、同業他社との差別化が図れる
- コンセプトやテーマなどを決め、ターゲットにとって価値のある情報をコンテンツ化する必要がある
- 文化・歴史・人柄・関係性・思い・価値観などの定性的な部分で差別化できる
- フロー型と比較すると、効果が出るまでには一定の期間を要する

求職者のうち、潜在層には採用ブログなどのストック型でナーチャリングし、潜在層か

ら顕在層になった際には、フロー型の求人媒体などで応募につなげます。

一方で顕在層に対しては、フロー型で求職者をキャッチしてストック型に流し、そこでより深い情報を提供して応募につなげる、というイメージです。

ストック型に情報を蓄積していきながらフロー型を並行して活用していくことで、**求職者に両面からアプローチでき、非常に大きな効果を得ることができます。**

☑ なぜ中小企業の採用にストック型コンテンツが重要なのか

従来の採用活動は、フロー型のみで採用活動を行うことが一般的でした。そのため、ストック型に対する施策を実施していない中小企業も少なくありません。

しかし、人手不足の時代にあっては、ストック型の活用が採用広報活動の成功に必要不可欠です。採用活動においては、

「大手企業のように採用予算を確保できない」

「大手企業のように魅力的な条件を提示できない」

と思うかもしれません。

フロー型とストック型の併用で応募率をアップ

	フロー型 コンテンツ	ストック型 コンテンツ
イメージ	求人媒体や Web 広告など	採用ブログ、 SNS など
掲載期間	短期のケースが多い	中長期が前提
コスト	比較的高コスト	比較的低コスト
運用	工数がかからない	工数がかかる
差別化	給与・労働時間・条件 などの判断（定量化） しやすい項目で 差別化	文化・ビジョン・ 価値観・制度・情報 などで差別化
効果の期間	効果が出るまで 時間がかからない	効果が出るまで 時間がかかる
ブランディング 要素	ないケースが多い	あるケースが多い
資産要素	掲載期間終了で 閲覧できなくなる	半永久的に 蓄積される

POINT 潜在層の求職者をターゲットとするうえで、「採用活動が中長期的な施策になる」ということが前提。フロー型とストック型を併用することで、求職者にさまざまなアプローチが可能となる。

ですが、ストック型の特徴は、

- **低コスト**
- **条件ではなく文化などで差別化**

です。コストをあまりかけることなく自社の魅力を伝えることができますので、うまく活用することで、採用活動に関する予算が大きく、採用条件が魅力的な大手企業に見劣りしない採用活動をすることができます。

「ストック型は、運用するのが大変そう」

「ストック型を運用するためのリソースが今の会社にはない」

「継続していけるのかが不安」

そう感じることもあるでしょう。

完成されたコンテンツを、最初からたくさん用意する必要はありません。学生時代の勉強を毎日コツコツ行ったのと同じように、少しずつでよいので、**まずはスタートする**ことが大事です。

採用活動を成功に導くストック型コンテンツの例

ストック型の種類は、多岐にわたります。そのなかで効果的なものを4つ紹介します。

①自社採用ページ

会社のホームページとは別で作成。事業内容・社員紹介・働き方・自社の特徴や文化・自社の課題・今後の方向性・求める人物像・社員に提供できる価値などを掲載。

②人事系オウンドメディア（人事ブログなど）

社員インタビュー・社内イベント・選考フロー・入社後に活躍している社員・働いている風景などをブログで紹介。更新は月2回程度。

③広報系オウンドメディア（Ｗｅｂマガジンや自社ブログなど）

カルチャー・ワークスタイル・ソリューションの特徴・業界トレンド情報・ノウハウ・

お客様の声などを掲載。更新は月2回程度。

④SNS（会社アカウント・個人アカウント）

採用ページやブログの更新情報、業界のトピックスなどを発信。

これらを最初からすべてはじめる必要はありません。会社のリソース状況やコンテンツに対するノウハウ、ターゲットの動向によって順次、スタートします。

また、ストック型の運用にあたって重要なポイントは、次の5つです。

①コンセプトを設定する
②閲覧者（求職者）にどのような価値を提供できるかを明確にする
③目標とするKPIを設定する（PV数・投稿頻度など）
④定期的に振り返りの場を設け、PDCAを回す
⑤運用における担当者を決め、作業ごとの責任の所在を明確にする

求職者が魅力的に感じるコンテンツ

Q　求人票の一般項目（会社概要、仕事内容、募集要項、勤務地、給与、福利厚生）以外でとくに興味があるカテゴリのトップ3を教えてください。

（求職者向け・自社調査_2023年6月実施　n=1,037（20〜40代））

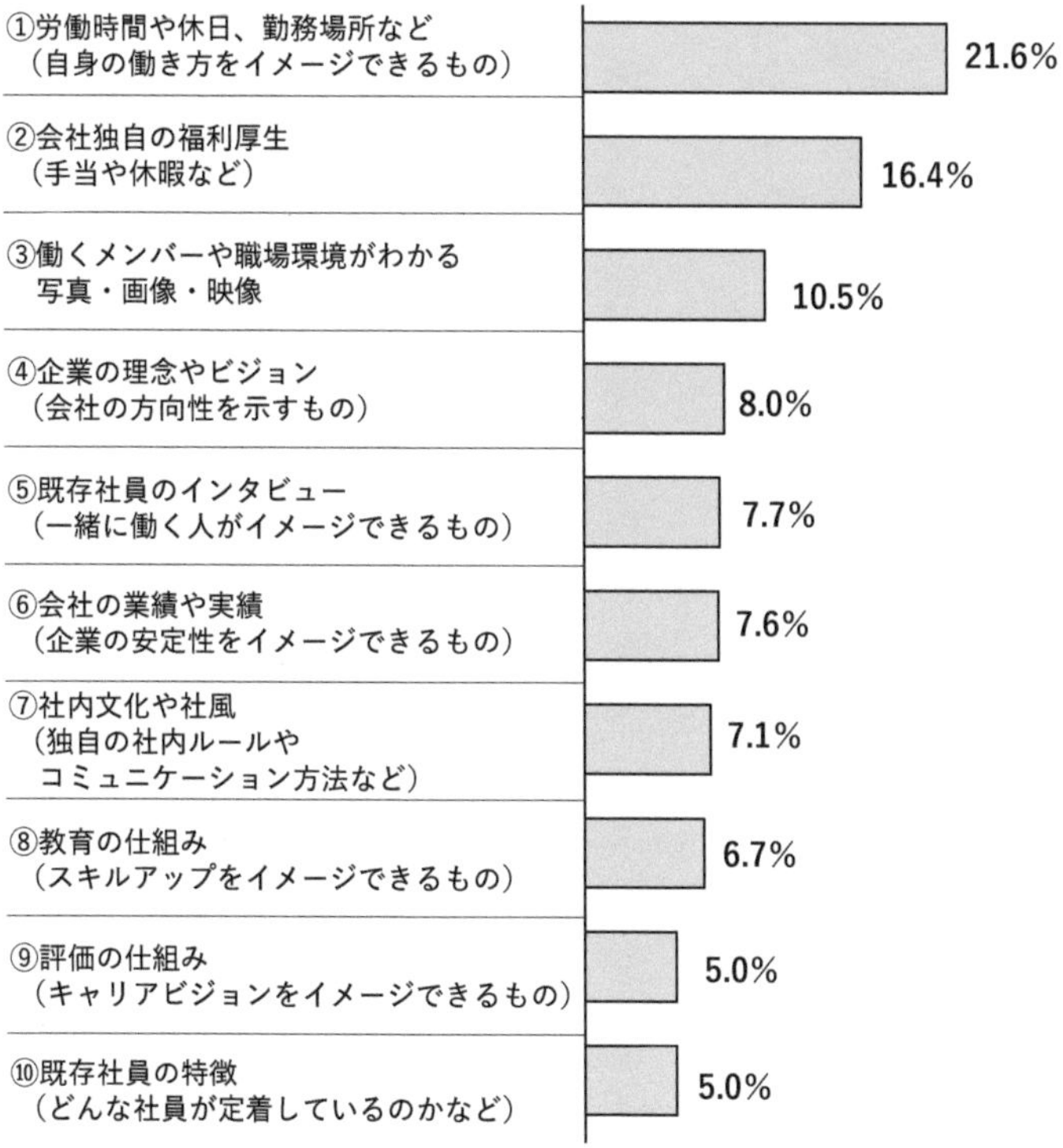

POINT　求職者がどんなことを知りたいかをふまえてコンテンツを作成することが大事。

これらを社内で事前に確認し、決定しておくことで、求職者にとって魅力的でより質の高いコンテンツになります。

絵的な要素を加えるとより魅力的なコンテンツに変わる

私たちが実施した採用マーケット調査のひとつに、「求人票の一般項目以外でとくに興味があるカテゴリーのトップ3を教えてください」というものがあります（前ページ）。その第3位は、

「働くメンバーや職場環境がわかる写真・画像・映像」

でした。ここからも、文章で伝えることも大事である一方で、視覚的に伝えることも非常に重要であることがわかります。

半永久的に残るストック型だからこそ、**視覚的にも情報が得られることを意識してコンテンツ制作**していくことが大事です。

中小企業が実施すべき戦略的採用

採用を成功させるための6つの戦略

商品を販売するにあたっては、次のようなことを考えると思います。

「誰に販売するのか」
「その人はどのような悩みを持っていて、どうしたら悩みを解決できるのか」
「その人はいつ・どこにいるのか」
「何によってその人と出会えるのか」

採用活動でも同様です。

応募者を増やすには、「マーケティング」が必要で、そのうえで事前に入念に戦略をねってから採用活動を開始することが重要になります。

中小企業が実施すべきおもな採用戦略は、次の6つです。

①ペルソナを設定する
②ペルソナの思考を洗い出す
③自社の強みと他社の状況を把握する
④ペルソナに対してPRすべき内容を明確にする
⑤PRすべき内容をコンテンツにする
⑥どこで何を使ってペルソナに届けるのかを明確にする

ひとつずつ解説していきます。

①ペルソナを設定する

ペルソナとは、おもにマーケティングで使われる概念で、「商品やサービスを利用する典型的な顧客モデル」のことをいいます。採用活動においては、**「自社が採用したい人物像」**

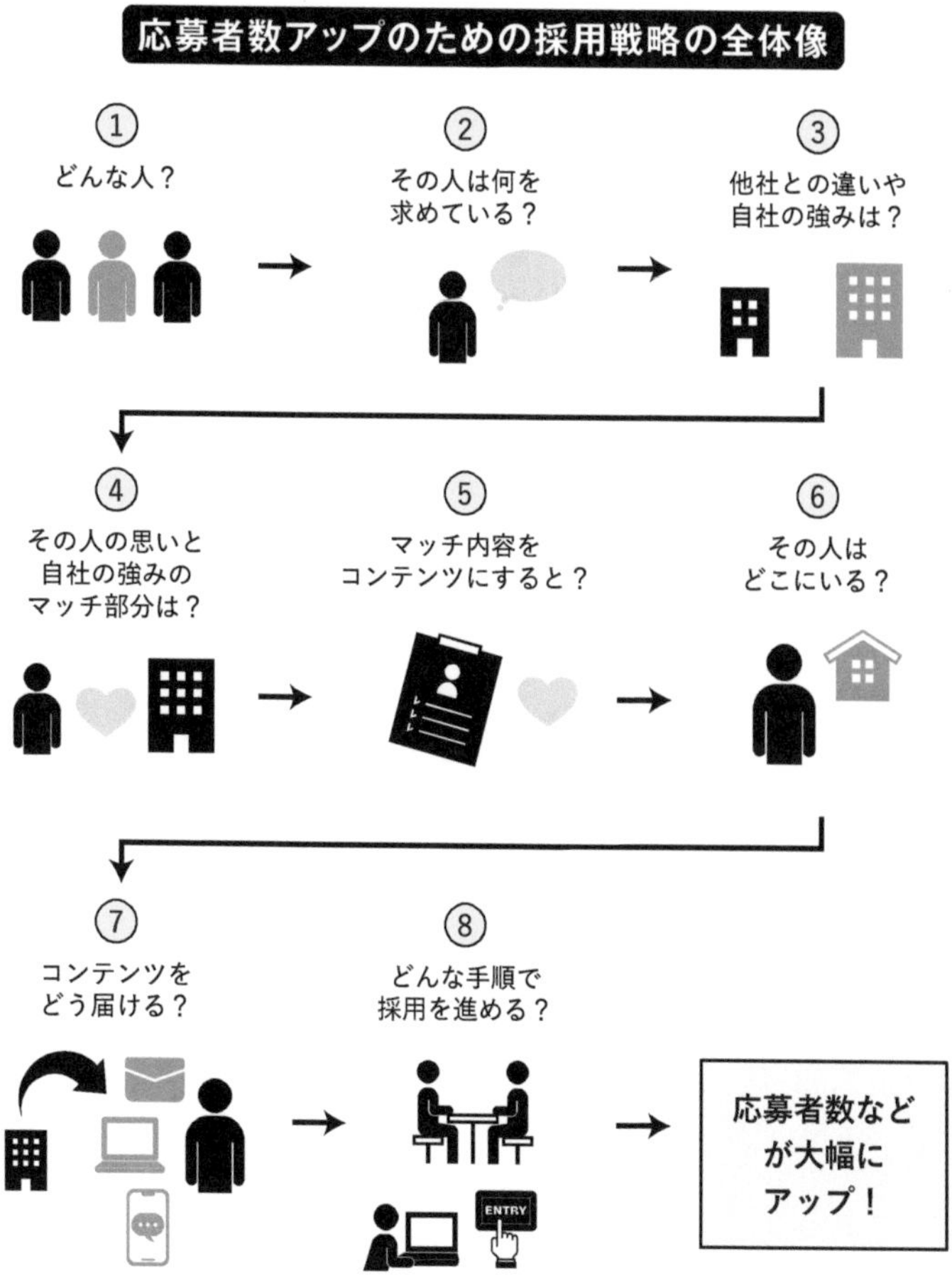

POINT　誰に対して、何を用意し、どう届けるか、自社の強みは何か、などを明確に考え、採用活動を行うことが重要。

となります。
採用戦略の最初のステップとして、ペルソナを設定しますが、その際には、

- **年齢層・居住地**
- **希望する職種・職位・年収**
- **前職での職務経験・マネジメント経験**
- **資格やスキルの有無**

などの情報を具体的に設計して「採用したい人物像」をつくり上げます。注意点は、**「ペルソナはターゲットとは異なる」**です。ターゲットとなる枠組みのなかに、より具体化した人物像を設定したものがペルソナになります。理想となる1人の架空の人物をつくり上げるイメージです。

ペルソナを設定することで、**採用活動や採用広報活動でＰＲすべき内容の方向性を定めることができます。**

また、ペルソナの状態や感情なども洗い出すと、
「どういった内容が求職者の胸に響くのか」
「どこに掲載すればその情報が届くのか」
などの精度を上げることも可能です。

加えて、複数名で採用活動を実施している会社では、**担当者ごとの選考基準や求職者に向けて発信する情報の方向性を統一することもできます。**

さらにはミスマッチの防止にもつながるため、**面接辞退率の低下や早期退職リスクの軽減にもつながります。**

②ペルソナの思考を洗い出す

ペルソナを設定したらそれをもとに、その人物の思考を洗い出します。

ランニングをしてのどが渇いている人にホットコーヒーを提案してもミスマッチです。

これと同様のイメージで「ペルソナの思考や不安点などを明確にすれば、届けるべき情報も明確になる」というわけです。具体的には、

- **その人はどのような状況に置かれているのか**
- **その人はどのようなマインドやキャリア展望を持っているのか**
- **その人はどのような経験をしてきたのか**
- **その人の会社や仕事に対する不安・不満・課題・悩み・欲求はどういったものか**
- **その人はどのような理由で前職を退職したのか（退職を考えたのか）**
- **その人が転職先の会社に求めることは何か**

などになります。

これらを洗い出すことにより、ペルソナを振り向かせるための材料が明確になります。

この段階では、自社にないものであってもよいので、まずは洗い出してみましょう。

③自社の強みと他社の状況を把握する

次に実施すべきことは、次の2つです。

採用戦略で重要なペルソナの設定例

地域	東京在住	**希望年収**	500 万円
希望職種	営業職	**希望職位**	主任職以上
経験の有無	SaaS 関連の営業を 5 年	**資格**	とくになし
転職経験	3 社	**マネジメント経験**	主任クラスで5 名の部下
性格・趣味	前向きな思考で、コミュニケーション力が高い	**想定される転職理由**	成果を上げてもあまり給与が上がらず、評価されていないと感じている
現在の状況・環境	転職の意思はあるが、まだ現職に退職届は出しておらず、よい企業があれば退職の旨を伝える予定	**マインド・キャリア展望**	昇格意欲があり、どんどん実績を上げ、数年後にはマネジャーレベルになりたい
経験してきた環境	ベンチャー企業での勤務経験が多く、営業畑で育ってきた	**ないほうが望ましい条件**	新たな方針に対して柔軟にマインドを切り替えることができない
転職に求めるもの	自身の経験を活かせて、成果を公正に評価してくれること	**現在抱えている課題・行っていることなど**	希望職種が前提で、自分自身の頑張りを公正に評価してくれる企業をどう探すべきか考えており、SNS などで検索中

POINT 単に地域や希望年収などのカテゴリを設定するのではなく、「どんな思考なのか」も洗い出す。これにより、その後のコンテンツやアプローチ方法が明確になる。

● 他社の強みや状況の洗い出し
● 自社の強みや状況の洗い出し

最初に、採用活動や採用広報活動を行ううえでベンチマークする会社を複数選定し、採用サイトやホームページを確認して、おもに次の項目を洗い出していきます。

● 処遇
● 労働日数・労働時間
● 福利厚生
● 働き方・やりがい
● 文化・社風
● ビジョン・方向性
● スキルアップ制度
● 使用しているキャッチコピー

ベンチマーク企業の効果的な洗い出し方

「30 ～ 50 名の IT 企業での未経験者採用」の例

	相場やよく見られる打ち出し方	突出した点や強みで打ち出されているもの
処遇	月給 23 ～ 25 万円 年収 300 万円前後	月給 28 万円～ 35 万円 （賞与年 3 回） 年収 450 万円～
労働実数 労働時間	年間休日 115 ～ 120 日 残業時間 30 時間程度 / 月	年間休日 125 日以上 残業時間 10 時間以下 / 月
福利厚生	資格取得手当 研修・書籍費用の補助	「推し活」休暇 誕生日休暇（家族も適用） ランチ代補助
働き方・やりがい	フレックス・テレワーク可 上流工程にも携われる	会社都合の割り当てなし！ 案件ガチャなし・高還元！
文化・社風	風通しがいい 少数精鋭で距離が近い 和やかな環境	社内委員会の設置 ビジョン共有会 社内イベントは完全自由参加
ビジョン・方向性	お客様の思いをカタチに 社員が主役 ワークライフバランス	仕事をワクワクする時間に ストレスゼロの会社に 原即ノー残業
スキルアップ制度	社内勉強会 社内研修 +OJT	社内教育システムの完備 月 1 回業務時間内研修 キャリアパスの開示
キャッチコピー	研修充実 大規模案件あり	○%還元！ 案件選択制×単価型評価制

POINT ベンチマーク企業の相場や強みとして打ち出している点をチェックし、差別化した PR につなげる。

洗い出す際のポイントは2つです。各カテゴリーにおいて

- **相場やよく使用されている打ち出し方**
- **突出した点や強みとして打ち出している点**

を把握することを心がけます。相場観や突出した点を把握することで、そのカテゴリーで勝負すべきか否かの意思決定がしやすくなるのです。

そして、洗い出した各カテゴリーをもとに、自社の状況や強みも洗い出してみましょう。比較することにより、差別化できそうな箇所が具体的に見えてきます。

自社の強みをなかなか洗い出せない場合は、159〜170ページの「カルチャーマスター」を参考にしてみてください。会社でよくある文化をカテゴリーごとに洗い出したものになりますので、見落としていた自社の強みが見つかると思います。

カルチャーマスターを見ても自社の強みが見出せない場合には、カジュアル面談（180ページ）を行うなどの「採用スタンスで差別化する」のも手です。

④ペルソナに対してＰＲすべき内容を明確にする

ベンチマーク企業と比較して差別化を図れたからといって、あれもこれも打ち出せばいいわけではありません。ホットコーヒーに自信があるからといって、ランニングしてのどが渇いている人にホットコーヒーを提供しないのと同じです。

求職者に対していよいよＰＲするとなった段階で重要になるのが、②で洗い出した「ペルソナの思考」です。

- **他社の状況**
- **自社の状況**
- **ペルソナの思考**

これらをもとに、**「ペルソナにＰＲするべき情報」を明確**にします。

３Ｃ分析（マーケティングにおいて「Customer（顧客）」「Company（自社）」「Competitor（競合）」を分析して事業計画などを決定する手法）を応用して、採用戦略に活かすイメージです（157ページ）。

これにより、**ペルソナが魅力に感じる情報を的確に伝えることができる**のです。

⑤ＰＲすべき内容をコンテンツにする

ペルソナに届けるべき情報が明確になれば、それらを文章やキャッチコピー・画像・映像などにしていきます。

強みとなる部分はとくに、「短い文章や箇条書き」で書くのではなく、**より詳細に記載したり、画像や映像を活用したりすると効果的**です。

たとえば、「当社に入ればスキルアップできます」とだけ書かれているよりも、

- **詳細な教育カリキュラム**
- **先輩社員が受講した際の声**
- **受講する場所や雰囲気がわかる写真**

などが掲載されていると、求職者はより具体的にイメージできるようになります。

とくに若年層がターゲットであれば、**写真や映像でＰＲしていくのがより効果的**です。

3C分析の際に確認すべきポイント

自社	他社	求職者	特徴	メモ
強み	強み	求めている	レッド オーシャン	打ち出しておいたほうがよい
強み	弱み	求めている	ブルー オーシャン	とくに強調して打ち出す
弱み	強み	求めている	ウィーク ポイント	改善する必要があるが、 改善してもレッドオーシャン
弱み	弱み	求めている	チャンス ポイント	改善する必要があり、 改善するとブルーオーシャン
強み	強み	求めていない	レッド オーシャン	打ち出してもとくに意味はない
強み	弱み	求めていない	ブルー オーシャン	打ち出してもとくに意味はない
弱み	強み	求めていない	ウィーク ポイント	打ち出してもとくに意味はない
弱み	弱み	求めていない	チャンス ポイント	打ち出してもとくに意味はない

POINT ペルソナにPRすべき情報を明確にする際に、それぞれの情報がどれに当てはまるかを確認する。これにより、求職者が魅力に感じる内容を的確に届けることができる。

⑥どこで何を使ってペルソナに届けるのかを明確にする

ここまでの準備が整ったら、

「どのような媒体や手法で採用活動と採用広報活動を行うか」

を考えます。

HRテック（AIなどのTechnologyとHuman Resourcesが組み合わされて生まれた新たな人事サービスの技術）市場の拡大とともに、採用手法は多岐にわたります。

求人媒体・人材紹介・ダイレクトリクルーティング・検索エンジン・ソーシャルリクルーティング・リファラル・採用サイト・オウンドメディア・SNS広告などに加えて、野外広告や合同イベントなどもあります。

大事なことは

「ひとつの手法だけに絞らない」

です。認知・興味・検討・比較・応募といった求職者の各ステップについて、どのような手法で網羅すべきかを考え、フロー型コンテンツとストック型コンテンツを併用し、情報発信していく必要があります。

カルチャーマスター①：チームワーク

①社員同士が助けあう文化		
1	業務で悩んでいる人がいれば、自ら声をかけ、話を聞く社員が多い	
2	業務を終えていないメンバーに対し、率先して助けようとする社員が多い	
3	チーム内で問題やクレームが発生した際、自分ごとのように考えて行動してくれる社員が多い	
②社員同士が一緒に喜べる文化		
1	メンバー同士で協力する仕事が多いため、成し遂げた際はともに喜びを分かちあえる	
2	企画から実行までを１つのチームで行うため、成し遂げた際はこのうえない達成感を仲間と得られる	
3	他部署と連携することが多いため、他部署の成功も自分ごとのように喜べる	
③上司・先輩との関係性が深い		
1	いつもていねいに教えてくれるため、気軽に質問ができる	
2	判断に困った際は、原因・対処法などを一緒に考えてくれる	
3	先輩とバディを組みながら顧客のサポートをするため、先輩と一緒に戦略をねることが多い	
④プライベートでも仲がいい		
1	プライベートでメンバーと会うことも多いため、仕事でも心が通じあっている	
2	仕事が終わってから、同僚と食事に行くことが多い	
3	業務時間外にはプライベートの話をすることも多い	
⑤相手を尊重し慮る文化		
1	相手の考えや思いに傾聴し、尊重することを大切にしている	
2	相手がしてほしいこと理解し、行動できる社員が多い	
3	相手からの率直な意見を素直に受け入れられる社員が多い	

POINT 社内のチームワークのよさを見つめ直し、自社の PR ポイントにつなげる。

カルチャーマスター②：働き方

①魅力的な労働時間の使い方		
1	ワークライフバランスを大切にし、残業は基本的に推奨していない	
2	休憩は１日２回あり、集中して業務に取り組める	
3	昼寝休憩があり、午後からの生産性を高められている	
②顧客と深く関わることができる仕事		
1	短期的なサービスではなく、長期的に顧客と関わるサービスを提供している	
2	顧客と接する機会が多く、顧客から直接フィードバックが得られる	
3	顧客と食事する機会が多いため、顧客と信頼関係を築きやすい	
③無駄な残業をさせない工夫		
1	仕事が早く終わったとしても、帰りづらい雰囲気はない	
2	上司が早く帰宅することが多い	
3	毎週水曜日はノー残業デーがある	
④ジョブ型制度の適用		
1	時間ではなくパフォーマンスに対して報酬を支払う制度がある	
2	年齢や勤続年数ではなく結果で給与額を決定している	
3	客観的な評価ができるように結果や行動が可視化されている	
⑤効率を考え無駄を省く文化		
1	積極的にオンライン会議ツールを活用しており、無駄な移動時間を削減している	
2	効率的なやり取りを行うために、IT ツールの活用を顧客にも協力してもらっている	
3	優先順位の低い資料作成に時間を割かないことを心がけている	

POINT 働き方は、求職者から注目されるため、上記の内容をふまえて自社の強みや他社との違いを見出すことが大切。

カルチャーマスター③：成長

① PDCA に取り組む習慣		
1	部内で今期の振り返りと来期の方針を話しあう習慣がある	
2	結果が悪かったとしても見て見ぬふりをせず、その原因や課題が明確になるまで追求している	
3	成果が出たときも浮かれるのではなく、なぜよい結果を出すことができたのかを追求している	
②会社の方針を個人の行動に連動させる仕組み		
1	会社のビジョンに対して、部門の方針が明確にひもづいている	
2	部門の方針に対して、個人の目標が明確にひもづいている	
3	個人の目標に対して、個人のすべき行動が具体的に落とし込まれている	
③ビジョンと方針を大切にする文化		
1	四半期に１度の頻度で、方針を共有するビジョン共有会を実施している	
2	ビジョン共有会は、ほかのすべての予定よりも優先順位が高い	
3	ビジョン共有会では、代表自らが登壇し、方針を発表する	
④新たなステージにチャレンジできる文化		
1	新規事業を積極的に立ち上げる文化があり、事業の企画・開発に携われるチャンスがある	
2	多くの事業で早期収益化に成功しており、新規事業の立ち上げのノウハウが蓄積されている	
3	会社として独立を応援する文化があり、起業支援制度がある	
⑤代表との距離が近い文化		
1	社員とのコミュニケーションを大切にしているため、代表自らが社員に話しかけることも多い	
2	代表も同じフロアで仕事をしているため、コミュニケーションが取りやすく、意思決定が早くもらえる	
3	年に１度、代表との個別面談があり、直接アピールできる	

POINT 会社組織と個人の成長を明確に見ることができると、働きやすさを感じやすい。

カルチャーマスター④：教育制度

①入社時の不安を払拭できるオリエンテーション		
1	入社時の不安を少しでも払拭させるため、決まったオリエンテーションを用意している	
2	名刺の渡し方や電話の取り方など、社会人の基礎から学べる	
3	全社員が集まって入社式を実施するため、全社員と顔をあわせる機会がある	
②早く１人前になるためのOJT		
1	緻密にねられたOJTがあるため、早く１人前になれる	
2	配属先による教育格差をなくすために、決まったOJTを用意している	
3	現場の雰囲気に慣れるため、毎日上司・先輩の営業に同行させてもらえる	
③知識の広さと深さを重視したOFFJT		
1	業務に関する教育だけではなく、周辺知識のインプットも重要視している	
2	他部門の責任者からの勉強会もあり、自身の業務を違った視点から学べる	
3	社内認定制度があり、業務に関する深い知識を身につけられる	
④知識のブラッシュアップを行う社内研修		
1	年に数回社内研修があるため、定期的なインプットができる	
2	社外の講師を招いた研修を実施しているため、異なった視点からの知見を得ることができる	
3	社内研修は、代表を含めて全社員が真剣に取り組んでいる	
⑤視野を広げるための社外研修		
1	定期的に社外の研修があるため、外部の知識を吸収できる	
2	コミュニケーション能力を活性化させるため、社外の方とワークする研修に参加している	
3	自由に社外研修を受けられ、広い知識を身につけられる	

POINT 教育制度の充実度は、求職者が応募するかどうかに関わる重要なポイント。

カルチャーマスター⑤：人事制度

	①時代の変化に対応するためのテレワーク	
1	生産性の向上のためにテレワーク・在宅ワークを導入している	
2	在宅ワークを推奨しているが、在宅での不安を解消するために、週に１度の出社日を設けている	
3	地方にサテライトオフィス、シェアオフィスがあるため、地方在住でも都心部と同様の仕事ができる	
	②個々のライフプランにあわせた多様な働き方	
1	フレックス制度を導入しているため、生活や業務にあわせて仕事ができる	
2	子育て中の社員などのために短時間勤務制度を取り入れている	
3	業務外で新たな知見を増やすために、副業を認めている	
	③有休・産休・育休が取りやすい文化	
1	有給休暇を取得しやすいルール・制度を用意している	
2	多くの社員が産休・育休を取得した実績がある	
3	社内にキッズスペースがあり、子育てをしながらでも働ける	
	④個々の成長を目的とした目標管理制度	
1	目標管理制度があり、業務上行うべき行動が明確になっている	
2	個人目標は自分で設定するため、業務にあわせた目標管理ができる	
3	四半期に一度の短いサイクルで目標管理を行っているため、PDCA を短期間で回せる	
	⑤社員が納得できるキャリアパス制度	
1	昇格・降格の基準が明確なため、キャリアプランをイメージしやすい	
2	職務要件が明確なため、自身の業務内容を把握しやすい	
3	各職位ごとの年収イメージが開示されているため、ライフプランをイメージしやすい	

POINT 人事制度において、自社がどれだけ充実できているかをチェックし、不足を改善することも大切。

カルチャーマスター⑥：賃金制度

①頑張る人が報われる給与制度		
1	自身の頑張りが明確に基本給に直結する仕組みがある	
2	成果を上げれば、大幅な昇給がある	
3	給与体系が全社員に開示されているため、透明性が高い	
②社員が安心できる賞与制度		
1	自身の頑張りが明確に賞与額に直結する仕組みがある	
2	年２回以上の固定賞与があり、賞与も生活給として管理できる	
3	賞与制度が全社員に開示されているため、透明性が高い	
③成果に報いるインセンティブ制度		
1	毎月の成果がインセンティブへ連動するため、金銭的なフィードバックがタイムリーに行われる	
2	チームで協力して目標達成を目指せるように、間接部門にもインセンティブ制度がある	
3	インセンティブ制度が全社員に開示されているため、透明性が高い	
④社員の状況を考慮した手当		
1	新卒５年目までは家賃補助が出るため、都心でも安定した生活ができる	
2	家族手当の支給金額を高くしているため、ライフプランにあわせた人生を進めやすい	
3	手当の仕組みが全社員に開示されているため、透明性が高い	
⑤頑張った社員に感謝する表彰制度		
1	成果をあげた社員を報いるために年に１度、表彰制度がある	
2	業務改善で成果をあげた社員を報いるために、間接部門の表彰制度がある	
3	個人表彰だけでなく、チーム表彰もあるため、日ごろから協力しあうことが多い	

POINT 成果をあげた社員が給与面でも正しく評価される制度が確立されていると、定着率も上がる。

カルチャーマスター⑦：体制

①男女平等に働ける仕組み		
1	女性から選ばれやすい環境づくりに力を入れており、女性社員の割合も高い	
2	女性の多い業界だが、男性が活躍できるポジションもある	
3	性別や年齢ではなくパフォーマンスに応じて昇格するため、女性管理職も多い	
②各年代が活躍できる環境		
1	新卒社員から定年社員まで、各年代が活躍できる業務がある	
2	各年代が平均的に在籍しているため、ベテラン社員でも不安な点は、先輩社員に質問できる	
3	豊富な知見を活かせる、定年後も活躍可能な環境がある	
③入社後すぐに多くの経験ができる文化		
1	カリキュラムが組まれた教育制度があり、未経験でも安心して働ける	
2	前職の経験を活かせるよう、入社時は希望職種に配置している	
3	入社１年目でも、自身の考えやアイデアを披露する機会が与えられている	
④個人の成長と意見を尊重した配置転換		
1	職種・配属先に関する意向を聞くために、半年に一度の頻度でアンケートを取っている	
2	社員の意向を尊重して、配置転換する文化がある	
3	手をあげれば新たなプロジェクトに参加できるチャンスがある	
⑤新卒社員を積極的に採用する文化		
1	中長期的な会社の発展のために、新卒社員を積極的に採用している	
2	フォロー体制が整っているため、新卒社員の離職率が低い	
3	新入社員の希望する職種・業務・地域を考慮して配置している	

POINT 社員がさまざまな経験ができ、活躍できる環境を整えることが、会社の魅力アップにつながる。

カルチャーマスター⑧：マネジメント

①一流のマネジメント能力を身につけている管理職		
1	業界に関する一流の知識を持った上司が多く在籍している	
2	どの部下にも公平に接する上司が多い	
3	部下の頑張りや成果を上層部にも伝えている	
②認識の相違をなくすためのマネジメント		
1	会社方針をもとにチーム方針を明確にし、わかりやすく部下に共有している	
2	一般社員にも社長の思いを理解してもらうために、上司が社長のビジョンを代弁している	
3	既存顧客との打ち合わせ後の報連相がルールになっているため、クレーム発生時には素早く対応できる	
③部下の働きやすさを考えた定期的な面談		
1	毎月上司との 1 on 1 面談があり実施すべき行動が明確である	
2	面談では部下の意見に耳を傾け、課題解決の助言をしている	
3	面談では課題点や改善点だけでなく、キャリアプランに関する相談時間も設けている	
④ほめて伸ばすマネジメント		
1	部下が成果をあげた際は、一緒になって喜ぶ上司が多い	
2	何がよかったかなど、具体的な内容でほめる上司が多い	
3	上司が部下に対し、「ありがとう」「おめでとう」という言葉を積極的に発信している	
⑤部下の成長のために叱れる上司が多い		
1	ほめるときはほめる、叱るときは叱れる上司が多い	
2	ただ叱るだけではなく、部下の意見にも耳を傾けながら、アドバイスをしている上司が多い	
3	部下に嫌われることをおそれず、言うべきことを堂々と言える上司が多い	

POINT 効果的なマネジメント体制が構築できているかも、他社との差別化を図るうえで大切なポイント。

カルチャーマスター⑨：ルール

	①仕事を円滑に進めるための朝礼・終礼	
1	朝礼時にメンバーのタスクを確認している	
2	朝礼時に目標と実績の振り返りを行うため、メンバーが目標を意識することができている	
3	朝礼時にニュースや新聞に関して話す機会があり、新たなトピックを共有できている	
	②効果的な会議にするためのルール	
1	会議前にアジェンダを共有し、参加者が事前に会議の準備をするルールがある	
2	会議では、決議事項を先延ばしせず、議決するルールがある	
3	会議の議題ごとに終了時間を決め、効率的な会議を行っている	
	③候補者との相互理解を高めるための採用活動	
1	入社後のイメージがしやすいように会社見学を用意している	
2	入社前に研修があり、入社前に事業内容を具体的に理解できる	
3	地方の求職者に向けて、1次面接でWeb面接を活用している	
	④品質を安定化させるためのマニュアル管理	
1	高い品質を保つために、業務ごとのマニュアルを用意している	
2	引き継ぎミスを防ぐために、マニュアルをもとに引き継ぎをするルールを設けている	
3	改善事項が発生するたびにマニュアルを更新し、常に最新の情報を共有できている	
	⑤生産性向上に向けたシステムの活用	
1	独自の発注システムにより、不足なく自動で発注できる	
2	倉庫内の商品の場所をシステムで検索できる	
3	業務改善の承認フローがシステム管理されており、業務改善に対する意思決定のスピードが早い	

POINT 仕事を効率よく進め、成果をあげるためにどんなルールがあるかを明確にすることも重要。

カルチャーマスター⑩：活動

①会社の成長をうながすための行事や部活		
1	生産工程を知ったうえで業務に取り組むために、入社後に自社の工場見学を実施している	
2	自社にはない知見を取り入れるために、他社見学をしている	
3	社内コミュニケーションの活性化のために、社内部活がある	
②社内交流とリフレッシュを目的とした社内行事		
1	チームで企画する経験を身につけるために、忘年会は新入社員が中心となり企画・運営している	
2	社員旅行先は業績に応じてグレードが上がる仕組みにしている	
3	社員同士の交流を増やすために、定期的にBBQを催している	
③社内交流を活発にする食事会		
1	四半期に１度、チーム全体で食事に行く	
2	定期的にランチ会を実施している	
3	チームの目標達成時は、行きつけの居酒屋で祝賀会をしている	
④地域に貢献するボランティア活動		
1	地域貢献活動の一環として、月に１度の頻度で地域のゴミ拾いを実施している	
2	地域密着型経営を目指し、自治会や町内会に参加している	
3	地域の子どもの視野を広げるため、ボランティアでプログラミング教室を開催している	
⑤SDGsに共感・実施している自社施策		
1	ゴミ０を目指すために、自社製品から出るゴミを回収している	
2	世界の子どもたちの健康維持を目的に、開発途上国への給食配給を行っている	
3	環境に配慮した持続可能かつ近代的な再生エネルギーを利用している	

POINT 社員の成長やコミュニケーションの活性化を目的とした、さまざまな社内活動を設けることも、会社の魅力アップにつながる。

カルチャーマスター⑪：安心

①ワークライフバランスを保つための取り組み		
1	家に仕事を持ち帰ることを禁じており、休日は趣味を楽しんでいる社員が多い	
2	仕事とプライベートを切り分ける施策を用意し、平日でも習い事をしている社員が多い	
3	長時間労働の是正を目的に、第三者の適性労働時間管理者を設置している	
②健康的な生活維持を目的とした健康経営		
1	健康維持のために、年に2回以上の健康診断を実施している	
2	社員のストレス問題に早期に対応するために、社内カウンセラーを配置している	
3	会社で会員制のトレーニングジムと契約している	
③災害から社員を守る取り組み		
1	各デスクの下に災害グッズを設置している	
2	社内の安全意識を高めるため、災害時の予行訓練を行っている	
3	災害時マニュアルを作成・共有している	
④率直に意見を出せる風通しのよい職場づくり		
1	上司・部下を問わず、率直に意見を交わしあう文化がある	
2	社員から業務改善案などを募り、実行に移す文化がある	
3	定期的に社内アンケートが実施され、意見の多かった改善案に対しては、会社からフィードバックがある	
⑤ネガティブな離職を防ぐための取り組み		
1	従業員エンゲージメントの向上のための施策を複数行い、離職率が低い	
2	従業員満足度調査を実施し、離職要因を追求・改善している	
3	早期退職やミスマッチを防ぐために、面接時点ではネガティブな情報も開示するようにしている	

POINT 社員が健康で、安心して仕事に取り組める施策を考え、実施することも離職率低下のために必須なことである。

カルチャーマスター⑫：オフィス・店舗

	①ストレスフリーな通勤が可能	
1	各地で利用できるシェアオフィスを契約しており、出張先でも仕事場所がある	
2	会社に駐車場・駐輪場があり、自家用車などで通勤できる	
3	時差出勤制度を導入しており、通勤ラッシュを避けることができる	
	②働きたくなるようなオフィス	
1	デザイナーズオフィスのため、求職者からの印象がよい	
2	社内に食堂やリラックスルームがあり、休憩時間を有意義に過ごせる	
3	セミナーや研修を行うことが多く、社内に 100 名規模のセミナールームを併設している	
	③気持ちよく仕事ができる空間づくり	
1	最新型の椅子を使用しており、長時間座っても疲れない環境にある	
2	1 人で業務に集中できるように、社内に個室を用意している	
3	品質と生産性を高めるために 5S（整理・整頓・清掃・清潔・しつけ）を仕組み化し、徹底している	
	④働きやすさを重視した自社のこだわり	
1	フリーアドレス制を導入し、自身の業務内容などにあわせて席が決められる	
2	デニムや T シャツなどの働きやすい服装で仕事できる	
3	作業効率を高めるために、最先端の PC・携帯・タブレット端末を活用している	
	⑤立地や特徴を活かした自社店舗の魅力	
1	一気通貫でサービスが提供できるよう、自社工場を複数保有している	
2	ショッピングモール内に店舗を構えており、社員価格で購入できる	
3	海外に複数の店舗があり、希望に応じて海外で仕事ができる	

POINT オフィスの環境などでも他社との違いを見出し、求職者にアピールすることが大切。

正しい採用戦略がもたらした応募者数200%

ペルソナの明確化と価値の洗い出しからスタート

CHAPTER 4の最後に、これまでに紹介した採用戦略を実施した結果、目標以上の成果を上げた会社の一例を紹介します。

地方にあるX社は、従業員規模が30名程度で、人事部や採用担当という明確なポジションがなかったこともあり、採用活動に苦戦していました。

採用戦略を実施する前の採用活動状況は、次の通りです。

- セールス業務が忙しく、採用活動にリソースを割くことができていなかった

- 行き当たりばったりで求人媒体に掲載し、応募を待っているだけの状況だった
- 給与・福利厚生・勤務場所・企業実績をメインで掲載していた

応募状況としては、2022年9月〜2023年2月の約6か月で「35名の応募・2名の内定・1名の採用」でした。

この状況を打開しようとX社では、丸2日間、主要メンバーのリソースを確保し、抜本的な採用改革を行いました。

そのなかでまず実施したことは

「ペルソナを明確にし、ペルソナの価値観をできる限り洗い出す」

という作業でした。

「給与や福利厚生も大切だろうけども、その会社の考え方に共感できることも重要なのではないか」

「仕事をするうえでのストレスの多くは人間関係なので、そういった部分で訴求するのはどうか」

「不景気や賃金停滞・増税などのニュースが絶えないので、将来に不安を感じている人が多いのではないか」
「目先の給与も大切だろうけども、将来的な給与のためにスキルアップを望んでいるのではないか」

など、可能性をできる限り洗い出していきました。

競合他社と自社との違いを確認

ペルソナの思考が明確になると、次は**競合調査**です。
まずは、ベンチマークする会社を20社選定しました。そして、それぞれのホームページや求人票を確認し、各会社にどんな特徴があり、それをどう打ち出しているかを洗い出していきました。

「給与形態は『未経験300万円〜、経験者400万円〜、昇給年1回、賞与年2回』

が平均的。ただし、処遇を強みにしている会社は『500万円～』の設定にしている傾向にある」

「『ワークライフバランス重視』『フラットな組織』『社内イベントが多い』『質問しやすい雰囲気』などを打ち出している会社は多いが、成長性を打ち出している会社は少ない」

こうした内容で検討を重ねました。

そしてこれらをもとにして、**「競合他社が打ち出していない」**ことで、かつ**「自社が持っている特徴（競合他社との優位性）」**、かつ**「ペルソナが求めている」**ことを1つひとつ見つけ出していきました。

多くの競合他社が打ち出している強みと同じことをPRしても差別化は図れず、募集の山のなかに埋もれてしまいます。また、求職者が求めていないことをPRしても、求職者の目には魅力的に映りません。

この内容を明確にすることが採用戦略においては重要になりますので、この議論にもっとも時間をかけました。

応募者数が200%に上昇した劇的な成果

採用戦略を実施する前と後の比較。
応募者数が約2倍になるなど、大きな成果が得られた。

	採用戦略前		採用戦略後
募集期間	'22年9月～'23年2月	→	'23年3月～'23年8月
採用コスト※	80万円	→	80万円
閲覧数	800PV	→	9,000PV
応募者数	35名	→	71名
応募率	4.4%	→	0.8%
内定人数	2名	→	5名
内定率	5.7%	→	7.0%
採用人数	1名	→	4名
内定辞退率	50%	→	20%
採用単価	80万円	→	20万円

約11倍！
約2倍！
2.5倍！
約1.2倍！
4倍！
30%減！
75%減！

※社内間接コストを除く

POINT 明確なペルソナを設定し、PR コンテンツなどを精査して、求職者に正しいアプローチを行えば、目覚ましい成果をあげられ、他社よりも採用で優位に立てる。

どのコンテンツでどう求職者にアプローチするかを検討

その後、**PRすべき内容をどのようなコンテンツで求職者に届けるかを検討**しました。運用面やリソース面も鑑《かんが》みて、求人媒体や広報媒体（SNSなど）を選定し、運用担当者や運用ルール、そして目標とする採用KPIを設定し、それらをもとにアクションに移すというプロセスをふみました。

その結果、前ページのような大きな成果を得ることができました。閲覧数が大幅に増えたことにより応募率は低下したものの、応募者数では約6か月で200%に上昇し、大きな改革を成し遂げたのです。

戦略的に正しく採用を行えば、成果は正しくあらわれます。そして、そのハードルは、決して高くはありません。

考えるよりも悩むよりも、まずは進めることが大事です。

CHAPTER 5

求職者に行うミスマッチ防止のための施策

応募から内定までは「営業活動」と同じ

採用面接は会社側が求職者を選ぶだけの場ではない

採用活動では、「どのようにして求職者からの応募を集めるか」ばかりを考えている会社も少なくありません。ですが、**応募後、どのように選考を進めるかも重要**です。

たとえば、選考を進めて内定を出したとしても、辞退となり、結果1人も採用できなかった、といった経験はないでしょうか。

昨今の採用活動において、選考を進める際に、大前提として考えておかなければならないことがあります。

それは、「**会社が求職者を選ぶ時代ではなく、求職者が会社を選ぶ時代である**」ということです。

営業活動に置き換えて考えてみましょう。

売上を上げるために、時間をかけて競合他社や市場の調査をし、販売戦略を設計し、インターネット広告に予算を割き、やっとの思いで商談の機会を得ました。

重要な商談には、どのようなスタンスで臨むでしょうか。事前に商談相手の情報収集をし、提案のイメージを膨らませ、プレゼン資料もつくりこんで臨むと思います。

採用面接の場は、営業でいうところの商談と同じです。会社側が一方的に求職者を選ぶ場ではありません。営業担当者（採用担当者）の印象が悪かったり、準備不足で提案が悪かったりすれば（面接での印象が悪ければ）、商品が買われることは（入社したいと思ってもらえることは）ないのです。

そのため、とくに1次面接などの最初の段階であれば、**求職者のことを知るだけでなく、自社のことを求職者にしっかりと知ってもらう**ことも大事なのですが、実際には、それとはかけ離れてしまっているケースが少なくありません。

面接時に、「志望理由は?」「前職では何をしていたの?」「将来はどうなりたいの?」などと、求職者に一方的に質問を繰り返す。対して採用担当者は、会社紹介どころか自己紹介すらしない。

このような面接が行われることがあります。

リーマンショック以後、企業が求職者を選ぶ立場だった時代は終わり、人手不足の今では、**求職者が企業を選ぶ時代**です。

面接は、お互いが情報を出す場であって、一方的に質問する場ではありません。もしもこのような面接であれば、求職者が入社することは期待できないのです。

☑ お互いをよく知るための「カジュアル面談」のススメ

求職者に選んでもらう企業になるためには、**企業側からの情報発信が重要**です。その手法として提案するのは、**「カジュアル面談」**です(次ページ)。

応募意欲アップのための「カジュアル面談」

	面接	カジュアル面談
目的	採用の合否を判断する	相互理解を深め、 応募意欲を高める
質問者	おもに企業側 （面接官が求職者に質問）	おもに求職者 （求職者が求める情報を企業側が提供）
企業担当	人事採用担当者	おもに同僚となる社員
選考	あり	なし
提出書類	あり （履歴書や職務経歴書等）	不要なことが多い
服装	スーツ・ オフィスカジュアル	指定されないことが多い
候補者の思考	選考に通過して内定を得たい	応募するかの判断のために 企業を知りたい

● カジュアル面談のおもな進め方

①カジュアル面談であること・目的・流れを説明
（ざっくばらんに話す場で、合否判定の場ではないことなど）
②自社の紹介（求職者の緊張感をほぐす）
③求職者の現在のキャリアに関するヒアリング
（仕事内容、仕事の満足度、理想など）
④自社の詳細（強み、課題、文化など）を共有

POINT 「面接」ではなく「面談」であることを意識し、お互いをよく知ることを第一に考える。

面接は「選考の場」であり、合否を出します。

これに対してカジュアル面談は、いわば**「0次面接」**のようなものです。合否を出す場ではなく、お互いがリラックスした状態で臨み、本番の面接に向けてお互いのことを知るための**「情報交換の場」**になります。そのため、「面接」ではなく「面談」と呼びます。

求職者に自社の強みや実態を伝えて理解を深めてもらいますが、いいところだけを伝えたのでは、ミスマッチが起きかねません。ですから、改善点や方向性とセットで自社の弱みも伝えます。

「この会社で働きたい」

「自分も同じビジョンに向かって進みたい」

「自分が理想とする生活ができそう」

と思ってもらえるような進め方をし、**応募意欲を向上させる**ことが大事です。また、このカジュアル面談時に、組織内分析の一部（応募者が本当に知りたい情報など）を伝えると、より好感を持ってもらえるでしょう。

求職者はお客様であり、「面接は商談」という意識を持つことが、採用活動で勝つ大事なポイントです。

☑ 求職者との接点を増やすと志望度がアップ

選考を進めるうえで、もう1つポイントがあります。それは**「求職者と接点を持つ回数を増やす」**です。

たとえば、営業活動において、初回の商談後、「再度提案させてもらう日程を決める」「食事会を設定する」「定期的にメールや電話で情報共有する」ことがあります。商談を成功に導くために、お客様との接点を増やして関係性を築くのです。

採用活動でも同じことがいえ、応募から入社までの求職者とのやり取りは、営業でいうところの「接点を増やして関係性を構築する」ことと同じです。

そして、求職者は**「選考中の企業と接点を持つ回数が多ければ多いほど、応募意欲や志望度が向上する」**といわれています。

求職者の声としては、

- その企業の社内の雰囲気が自分にあいそうだとより感じたため
- 自分がやってみたいと思える仕事だとより感じたため
- その企業の文化や価値観などの雰囲気が自分にあいそうだとより感じたため
- 入社後に成長できそうだとより感じたため
- 社長をはじめ社員や担当者の応対がより好印象に感じたため

といったことにあります。これに関連して、すぐにでも自社で取り組める内容としては、次のようなものがあります。

- 会社見学・工場見学・業務体験・インターンを実施する
- 自社で開催するセミナーに参加してもらう
- 食事会・懇親会・オンラインでの情報交流会を行う
- カジュアル面談を実施する
- ＳＮＳやチャットでのコミュニケーション、情報発信を定期的に行う
- 会社のパンフレット、ノベルティなどを送付する

もちろん、求職者は最終的に、

「会社や社長のビジョンに共感できるか」

「納得のいく年収であるか」

「どのような人と働くのか」

「取り組みたい業務内容か」

などの総合的な要素を見て入社するか否かを判断します。ですが、その段階にまで進んでもらうためにも、面接を含めて求職者との接点を増やす必要があるのです。

応募段階では、求人票やＷｅｂページに載っている情報でしか判断できません。そのため、第一印象では他社に興味があったものの、ていねいに頻繁に接点を持つ工夫をした結果、求職者は他社ではなく自社に入社することになった、という例も聞かれます。

最後に、カジュアル面談や面接時以外の求職者との接点では、できる限り**「求職者が入社した際に一緒に働くメンバーや同僚」が対応する**のがよいです。求職者にとってリアルな声や自身の近しい将来像がイメージできるため、入社の意思決定がしやすくなります。

「バックグラウンドチェック」のススメ

「期待外れ」と感じてしまうミスマッチの残念なケース

時間と労力をかけて採用したものの、「期待外れ」と感じてしまうケースがあります。

なぜこのようなことが起きるのでしょうか。

理由としてよく聞かれるのは、次のようなものです。

「想像していた能力とは違った」

「思っていたよりも仕事ができない」

「面接で感じた人物像と全然違った」

「聞いていた経歴と違っていた」

中途採用で人材を1人確保するには、平均して「約103万円」のコストがかかります

（「就職白書2020」（就職みらい研究所・リクルート）より）。

入社後の給与が月30万円として3か月で退職となると、

103万円＋90万円＝193万円

これに間接経費などが加わると、損失は200万円を超えます。求人媒体と人材紹介会社を併用して採用活動をし、人材紹介会社を通じて採用した場合には、これに紹介手数料の支払いが加わりますので、さらにコストがかかります。

理由はさまざまにあれど、時間と労力をかけて採用した人が「期待外れ」と思ってしまうのは、非常に残念なことです。

もっと深刻なものとしては、「退職してほしい」とまで考えてしまうケースに遭遇したこともありました。

求める人材かどうかを見極める3つの項目

こうしたミスマッチを起こさないために、前職での働きぶりや、入社後に活躍してくれるだけのキャリアや能力を応募者が持っているかを、採用活動中に確認したいところですが、こうした確認を応募者に対して行うことは問題ないと思われるでしょうか。

答えは

「採用活動において、業務に関連する求職者の能力やキャリアを確認しても問題ない」

です。

ただし、職業安定法第五条の五、および厚生労働省のホームページに掲載されている「公正な採用選考の基本」に即した採用選考の実施が必要になります。

面接などの求職者と接触できる機会以外で求職者の情報を得る方法は、大きく分けて3つです。

①履歴書・職務経歴書・ポートフォリオなどの求職者からの提出物
②SNSなどを含めたWeb上で公開されている情報
③前職の同僚や友人などの本人以外の第三者から得る情報

このなかで、「③本人以外の第三者から得る情報」が、もっとも客観的に入社後の活躍を判断できる指標になります。これらから情報を集め、求める人材かどうかを見極めますが、具体的な確認項目は次の3つです（191ページ）。

①経歴
②前職での評価
③性格・素行などの適性

提出された職務経歴書に相違はないか、前職での評価や勤務態度などはどうだったかを確認します。いわゆる「前職へのヒアリング」で、これを「バックグラウンドチェック（求職者リファレンス）」といいます。

大事なポイントとして、バックグラウンドチェックを行ううえでは、履歴書と職務経歴書を預かった際に求職者から、193ページのような同意書を取得しておきます。同意なく、第三者から個人情報の提供を受ける行為は、個人情報保護法に抵触するため、必ず同意書を取得してください。

そのうえで、バックグラウンドチェックを実施しますが、流れとしては次の通りです。

①書類選考を実施
②1次面接を実施➡バックグラウンドチェック（求職者リファレンス）の同意書を取得
③バックグラウンドチェックを実施
④バックグラウンドチェックの結果をふまえて2次面接・最終選考を実施

バックグラウンドチェックを行う際に重要なことは、**「第三者評価」**という点です。

第三者評価とは、

「求職者のことを知っているが、求職者の側に立っていない人に、求職者について客観的な意見を述べてもらう」

ことをいいます。客観性に乏しい評価は、参考になりません。

自社でバックグラウンドチェックを実施する方法は後述しますので、まずは、専門会社に依頼した場合の実際の例を紹介します。求職者から同意書を取ったうえで、履歴書・職務経歴書・同意書を専門会社に渡して依頼すると、およそ4営業日くらいで次のような結果を見ることができます（195ページ）。

ミスマッチを防ぐ「バックグラウンドチェック」

● バックグラウンドチェックで行う３つのチェック。

①経歴チェック	・履歴書・職務経歴書の情報から、在籍期間・役職・職責などを確認する ・経歴詐称・過大申告がないかを確認することで、信用度を図ることができる
②評価チェック	・元上司・元同僚にインタビューし、職能・勤務態度・勤怠実績などを確認する ・面接時にイメージした働き方と実働後のギャップを限りなく埋めることができる
③適性チェック	・SNS の情報を見て、性格・素行・特性などを確認する

● バックグラウンドチェックのおもな進め方

①履歴書、職務経歴書を受領（書類選考）
→バックグラウンドチェックを行うことの同意書を取得
②前職調査や Web・SNS 調査を実施
「経歴」「評価」「適性」をチェック
③調査結果をレポート化して判断

POINT 面接だけではわからなかった求職者のことを、3つのチェックを行って正しく知ることが大事。

Aさん……いずれの職域でも退職を惜しまれており、周囲からの熱い信頼を勝ち得る確実な仕事ぶりがうかがえることなどから【A判定】。元同僚からはテキパキと職務をこなす手際のよさや真摯な就業姿勢が賞賛されたほか、素直で明るい人柄も好意的に語られた。退職は本人から申し出ており、引き留めを試みるも決意は変わらず、やむなく受理されている。

面接や履歴書・職務経歴書だけではわからないことや判断がつかなかったことでも、バックグラウンドチェックを行うことによって、**見えていなかった適性が可視化され、採用機会の損失防止や優秀な人材、自社に適した人材の獲得**につなげることができます。

このように、採用するうえで重要な情報を得ることができるため、採用活動においてはバックグラウンドチェックを実施すべきです。

私たちが行ったアンケートでは、企業側（経営者や採用担当者）の85％が「バックグラウンドチェックをしたい」と回答し、求職者側も66％は、「自分の前職のことを聞いてもらってよい」と考えています（197ページ）。

バックグラウンドチェックのための同意書の例

バックグラウンドチェックに関する同意書

【過去勤務された会社に関する事項】

過去に勤務した会社に対して、秘密保持・競合避止義務などの内容・範囲について、貴社が照会・問い合わせすることに同意します。	・はい　・いいえ
過去に勤務した会社に対して、経験職務の詳細、キャリア、評価、勤務状況などについて、貴社が照会・問い合わせすることに同意します。	・はい　・いいえ

貴社の採用選考を受けるにあたり、上記の内容を確認し、貴社が上記に記載の方法により情報収集を行うこと、それにより得られた個人情報などをもとに選考を行うことについて、同意いたします。

年　　月　　日

住　所

氏　名　　　　　　　　㊞

POINT 企業ごとに情報の取得・活用方法などが異なるため、状況に応じて上記に加えて、「個人情報の利用目的」「情報提供の任意性」「応募者以外からの情報取得」などについても明示し、同意を得たうえでバックグラウンドチェックを行う必要がある。

☑ 自社でもできるバックグラウンドチェック

専門会社に依頼すると、求職者の「経歴」「前職での評価」「性格・素行などの適性」について、時間や手間をかけずにしっかりしたレポートで確認することができます。ただ、1人当たり3〜6万円の費用がかかります。

自社でバックグラウンドチェックを行うことも可能で、その場合、**求職者の情報について前職の会社の上司や人事部に電話で確認**します。応募者の前職や前々職に次のような連絡をし、面接時の会話・履歴書・職務経歴書などの本人の情報と相違がないかを確認するのです。

ただし、応募者が在職中の場合、在職している会社に行うのはNGなため、それ以前に在籍していた会社に対して行います。

確認方法としては、たとえば次のように行います。

「御社に以前在籍されていたA様が、弊社の営業職求人にご応募されました。お忙しい

バックグラウンドチェックの例①

Aさん

総合判定……A

所見： 要領よく仕事を進める、優れた業務遂行能力に定評を得る人物。コミュニケーションを円滑に行う対人折衝能力の高さや、何ごとにも熱心に取り組む誠実な就業態度にも賞賛の声が聞かれるほか、いずれの職域でも退職を非常に惜しまれており、周囲からの厚い信頼を勝ち得る確実な仕事ぶりがうかがえる。WebおよびSNS上においても懸念事項は顕出されなかったため、【A判定】とする。

人物像判定……A

対応日： 2022/5/10

対応者： 本社窓口/ ○○本部/ △△人事/ ●●サービスセンター窓口

所見： 本社並びに○○本部は個人情報を理由に調査を拒否。続けて△△人事へ接触した結果、申告通りの期間に●●サービスセンター（○○県△△市■■■■1-1-1）にて、トラックやバスの整備業務に従事していたことを確認。元同僚からはテキパキと職務をこなす手際のよさや真摯な就業姿勢が賞賛されたほか、素直で明るい人柄も好意的に語られた。退職は本人から申し出ており、引き留めを試みるも決意は変わらず、やむなく受理されている。

POINT 応募者について、応募書類や面接だけではわからないことを知ることができる。

ところ、大変恐縮ですが、A様について『退職理由・在職中の評価・職務経歴書におけるキャリア』の3点をご質問させていただきたく、ご連絡させていただいた次第です。厚生労働省の採用選考に関する指針に則っており、また、個人情報保護法の観点からも、A様ご本人から同意書をいただき、法律に則った手続きをふんでおります。よろしくお願いいたします」

また、実際には、バックグラウンドチェックを行うことで、ネガティブな情報が出てしまうケースもあります。たとえば次のようなものです（199ページ）。

Bさん……「無断退職していたことが判明」。また、「突然出社しなくなり携帯電話は不通」で、無断欠勤からの退職となり、会社側でも「なぜなのか理由はわからない」とのこと。

留意していただきたいのは、バックグラウンドチェックの趣旨は、**「不採用の理由を見つけることのみのために行うのではない」**という点です。

バックグラウンドチェックの必要性

Q1 ミスマッチを少しでも減らすために、求職者の前職での評価や勤務状況などを知りたいですか？

（企業向け・自社調査_2022年1月実施　n=445）

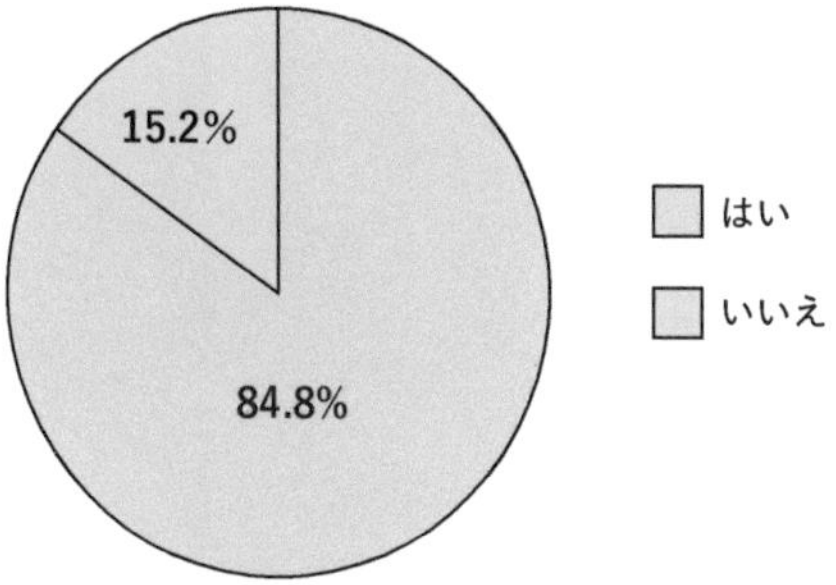

Q2 自身の前職での評価や勤務態度を希望の転職先が知ることに問題ないと思いますか？

（求職者向け・自社調査_2022年2月実施　n=811）

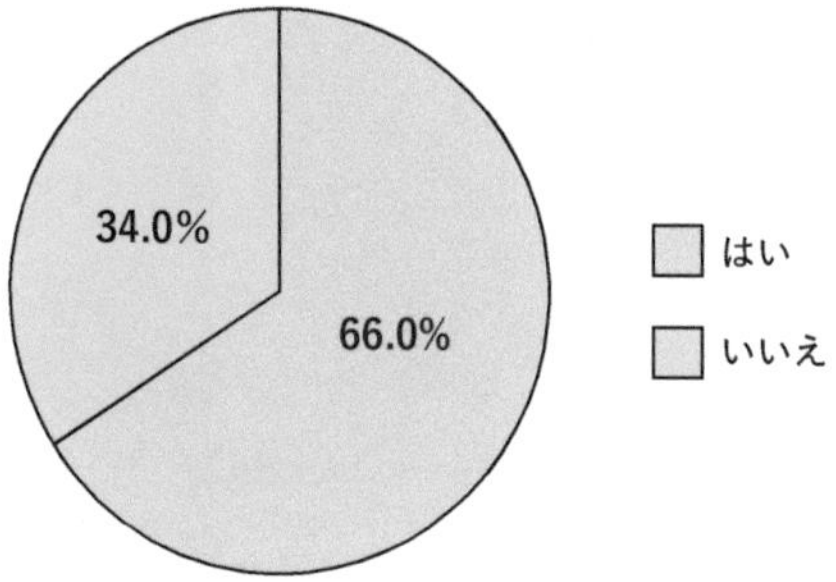

POINT 企業側の8割超が求職者の前職での評価などを知りたいと考え、求職者の6割超が前職での評価などを聞かれても問題ない、と回答。

そもそも人材不足に困って採用活動をしているわけですから、思ってもいなかった情報が出てきた場合は別として、部分的にネガティブな情報が出てきたとしても、面接などで「判明した事実を客観的に確認し、採用の合否の判断をする」という観点で行うことをおすすめします。

あくまで**バックグラウンドチェックは、ミスマッチを減らす**ことが目的です。

バックグラウンドチェックの例②

Bさん

総合判定……C

所見： 株式会社●●において、申告通りの期間に在籍していたが、無断退職していたことが判明。また、それ以前より遅刻なども見受けられ、責任感は希薄。さらには、職場での具体的な問題も聞かれ、社内秩序や風紀を乱す社会性が欠如した人物といえる。本件調査の結果を総じて【C判定】とする。

人物像判定……C

対応日： 2021/3/29

対応者： 本社人事部/●●●店/○○店　当時の上司

所見： 本社にて確認するも、正社員・アルバイト・派遣社員を含むすべての退職者データに該当氏名がないと回答。居住地を起点とした店舗に調査を行ったところ、●●●店にて本人を知るスタッフとの接触に成功。本人は正社員として同店を含む複数の店舗で勤務していたが、突然出社しなくなり、携帯電話は不通。当時の住所へ赴くも既に転出していたという。また、当時の上司が勤務する○○店へも聴取を実施し、申告通りの期間、在籍していたことを確認。本人はリペアショップ店頭での販売や修理を担当していた正社員で、職能に関して無難と評されたが、無断欠勤からの退職となり、会社側での対応も非常に大ごとになったという。

POINT 入社後のアンマッチを防ぐために、バックグラウンドチェックを行うことが大事。

早期退職を防ぐための健康状態（持病等）の確認

☑ 面接で求職者のことを正しく知るのには限界がある

大手をはじめとして、あらゆる求人媒体で募集をかけました。コストは総額１００万円以上です。

その結果、ようやく１人採用することができました。活躍が期待できる人材です。

ところが、２か月も経たないうちに体調を崩し、休職を余儀なくされてしまいました。

このような望ましくない結果を経験された会社もあると思います。どうしてこのようなことが起きてしまうのでしょうか。

それは、求職者の履歴書や面接での会話などをもとに、**採用担当者が主観的に判断**してしまっているからです。

外食する場合、どのお店に行くかを決めるときには、雰囲気・メニュー・値段・評価などをお店のホームページやグルメサイトを見たり、知り合いで利用した人がいれば話を聞いたりするなど、いろいろと調べると思います。

客観的な情報をできるだけ得て、それをもとにお店を決めるわけです。

採用も同じです。希望にあった人を採用し、期待通りに活躍してもらいたいのであれば、**求職者の客観的な情報を、できる限りの手段を用いてなるべく多く集める**ことが大事なのです。

ところが実際には、履歴書や職務経歴書の一般的な書類と面接だけで採用を決めているケースが多いです。

面接は、面接官のそのときの感情や心証が影響したり、裁量に依存したりして、客観的な根拠が反映されにくいことがあります。採用の可否を決定するうえで重要なウエイトを占めているにも関わらず、確実性・合理性という点では、十分とはいえないのです。

このことは、私たちが行ったアンケート結果でも見ることができます（次ページ）。採用面接において、企業側（経営者や採用担当者）の実に80％が「『事実を言っているかなどを見極められない』という悩みがある」と回答しているのです。

面接で求職者のことをしっかりと見極められないとしても、仕方のない部分があります。面接ではじめて会った人の能力や人となりを、履歴書と職務経歴書、そして面接だけで正しく判断することは、簡単ではありません。質疑応答などをたくさん繰り返して求職者のことを知ろうとしても、限界があります。

書類と面接だけで採用を決めるのでは、200ページのような事例が起きても、不思議ではないのです。

☑ 健康状態（持病等）を確認し、最適ポジションで活躍

現代は、15人に1人がうつ病を発症する時代といわれています。

また、発達障害の1つであるADHDの方の割合は、国立精神・神経医療研究センターによると、成人で2・5％（40人に1人）との結果が出ています。

求職者を正しく見極められていない実情

Q 人材採用の面接時に、「事実を言っているか」「自社にあう人材か」「優秀な人材か」などが見極められない、という悩みはありますか？

（企業向け・自社調査_2022年1月実施　n=445）

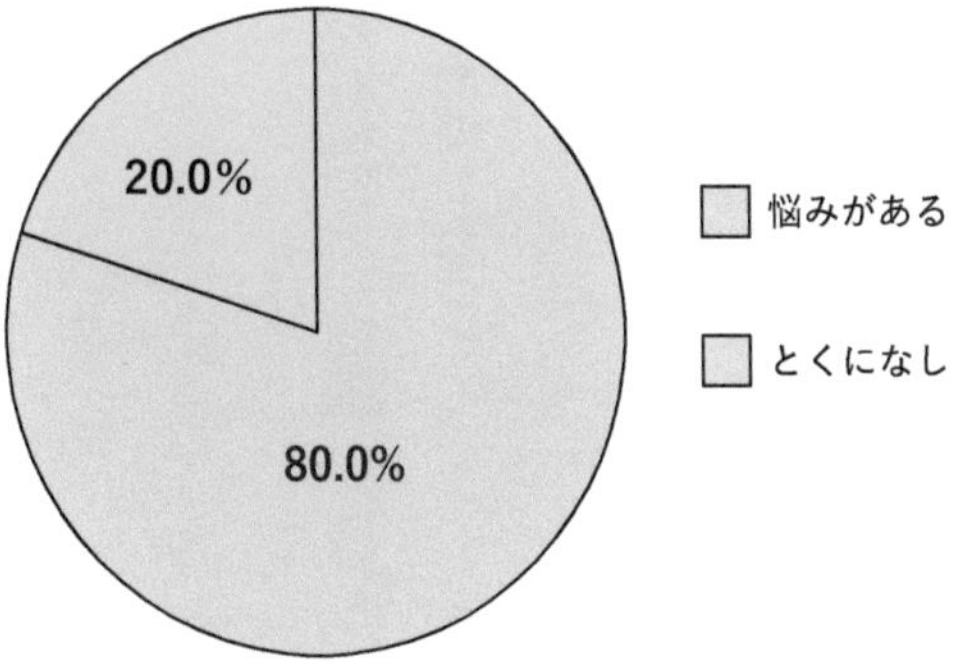

POINT 面接において、80％の企業が求職者のことを正しく見極められていないと回答。客観的な事実にもとづく調査＝バックグラウンドチェックを行うことが大事。

このように、うつ病やADHDは、決してまれではありません。

また、現代の日本社会では、仮にうつ病を発症したとしても、その後に社会復帰することは普通なことになりつつあります。

そういった時代の背景を鑑みたうえで企業の採用活動としては、

- **多様な働き方や環境を用意し、柔軟に意思決定する**
- **求職者の健康状態を把握したうえで選考を進め、適性なポジションで活躍してもらう**

こうした取り組みが必要不可欠です。

では採用活動において、求職者が入社後に活躍できる健康状態かどうかを確認することは、問題ないでしょうか。

答えは
「採用活動において、業務に関連する求職者の健康状態を確認しても問題ない」

です。

ただし、職業安定法第五条の五、および厚生労働省のホームページに掲載されている「公正な採用選考の基本」に即した採用選考の実施が必要となります。

入社後に健康な状態で勤務し、活躍してもらうためにも、**健康状態（持病等）を確認**することは大事です。

たとえば、業務上どうしても重たい荷物を持ち上げたり、腰をかがめたりする作業がともなう場合に、持病に腰痛（ヘルニアなど）があれば、その業務を行うことは容易ではないですし、腰痛を悪化させてしまうこともあります。

そのため、そこまで腰に負担がかからない作業であれば、どの程度の作業までが可能かなどを、会社として事前に知っておく必要があります。

また、会社には安全配慮義務というものがあり、「使用者は、労働契約に伴い、労働者がその生命、身体等の安全を確保しつつ労働することができるよう、必要な配慮をするものとする」（労働契約法第五条）と規定されています。

たとえば、てんかんという病気があります。てんかんが持病の方は、車の運転に一定の条件が付されており、条件によってはそもそも車の運転をしてはいけないこともあります。

健康状態については、求職者側も事前に会社に伝えておくのがよく、会社側としても求職者の状況をしっかりと理解し、そのうえで働いてもらうことが、双方にとって大事なのです。

ただし、業務に関係なく、かつ重要なプライバシーに関することなどをヒアリングすることはふさわしくない場合がありますので、注意してください。

求職者の健康状態を確認するために、具体的に、どのようなヒアリングを行うかは、次ページに一例を掲載しています。これを参考にし、自社の業務内容などと照らしあわせてアレンジし、活用してください。

業務内容は、各会社によって異なりますので、どう確認したらよいのか判断に迷うような場合や、仮に持病などの健康状態について求職者から何らかの申告があったときなどは、産業医などの専門家に相談し、対応方法などをしっかりと検討するようにしましょう。

健康状態を確認するための申告書の例

①持病 ※一定時間を超えた労務の可否や車の運転は避けなければならないなどの業務上、必要な確認	□有　□無 【傷病名：＿＿＿＿＿＿＿＿＿＿＿＿＿＿】 業務への影響　□有　□無 【有の場合の内容・程度：＿＿＿＿＿＿＿＿】
②通院 ※業務に影響を与えるような通院状況（持病などで定期的に通院のための休暇が必要など）等の確認	□有　□無 【傷病名：＿＿＿＿＿＿＿＿＿＿＿＿＿＿】 業務への影響　□有　□無 【有の場合の内容・程度：＿＿＿＿＿＿＿＿】 通院頻度：1 週間に＿＿回程度、 月に＿＿回程度、その他＿＿＿＿＿
③薬等の服用 ※業務に影響を与える服薬（めまい、吐き気、眠気などで業務に集中できないなど）等の確認	□有　□無 1. 薬剤名：＿＿＿＿＿＿＿＿＿＿＿＿＿＿ 2. 服用回数：1 日＿＿回 （朝・昼・夕・夜・食前・食後・睡眠前・その他（＿＿＿＿＿＿）） 【有の場合の業務への影響・程度：＿＿＿＿＿】
④時間外労働 ※繁忙期などにおける残業要請などに対する可否の確認	いずれかを選んで○をつけてください。 1. 問題なくできる 2. 制限してほしい（1 か月＿＿時間まで） 【理由：＿＿＿＿＿＿＿＿＿＿＿＿＿＿】 3. できない 【理由：＿＿＿＿＿＿＿＿＿＿＿＿＿＿】

POINT 事前に肉体的な健康状態を確認することで、入社後に適切な業務を任せることも可能になる。

適性検査などからわかる求職者の情報

求職者の見極めにおいて、求職者のことを知るための客観的な材料に「適性検査」があり、多くの企業が採用時に取り入れています。

適性検査でよく知られているものにＳＰＩがありますが、ほかにも世の中には多くの適性検査が存在し、なかには次のような傾向を見ることができるものもあります。

A　不眠、意欲の低下を起こす傾向がある

B　人前で強い不安を感じたり、緊張したりする傾向がある

C　不安感に苦しめられて、心や体の調子が悪くなる傾向がある

D　興味に偏りがあり、気持ちを推察する力が弱い傾向がある

E　集中力が続きにくい、ケアレスミスがあるなどの傾向がある

ただし、これらの傾向は、簡易的なアンケート式のチェックでは把握できないケースが多くあります。理由としては、「自分のことを客観的に正しく評価できる人が少ない」「その状態が本人にとっては普通であるため、表面的に見えにくい（自覚しづらい）」などです。

たとえば、落ち込みやすい人にとっては、「落ち込みやすい」ことが日常であるため、そもそも自分が「落ち込みやすい」と感じていないことが多いです。

また、落ち込みやすいと自覚している人に、面接時に「あなたは落ち込みやすいですか？」とアンケートを行っても、「Ｙｅｓ」という回答は期待しにくいでしょう。


では、どうすれば傾向を把握できるかというと、２つのパターンをご紹介します。

①数多くの設問を用意した、複雑かつ合理的なアンケートを使用する

たとえば、数百問などの数多くの設問を用意し、各回答に対して複合的かつ専門的な分析を行う。

②本人に回答してもらうのではなく、他者（面接担当者）が判断する

傾向が把握できるような情報を事前に確認しておき、面接時の発言や動作で判断する。

または、面接時に、傾向が把握できるような質問をする。

①については専門性が必要となるため、自社内で取り組むには、難易度が非常に高くなります。そのため、こうした傾向が分析できるツールやサービスの活用をおすすめしますが、一例としてある会社で実際に実施した分析レポートの一部を記載します（次ページ）。

Aさんは、「他人とのコミュニケーションをあまり必要としない専門職であれば、適応の可能性がある」という結果でした。

Aさんの前職は営業職で、社内だけではなく、お客様や取引業者など、多岐にわたって人とのかかわりが必要とされました。通常の業務以上にコミュニケーションが必要とされたことで、そこにストレスを感じたことが一因となり、退職されましたが、今では、Aさんにとって適性といえる「他人とのコミュニケーションをあまり必要としない専門職（事務）」に就き、活躍されています。

適性検査は、あくまで参考程度にすべきですが、少しでも求職者のことを知ったうえで、「どのような業務に従事してもらうのがよいか」などを検討する材料にはなります。

求職者の傾向を知る適性検査の結果の例

【Aさん】分析項目と結果			
A　不眠、意欲の低下を起こす傾向がある			
□高い	□やや高い	□低い	■なし
B　人前で強い不安を感じたり、緊張したりする傾向がある			
□高い	■やや高い	□低い	□なし
C　不安感に苦しめられて、心や体の調子が悪くなる傾向がある			
□高い	□やや高い	■低い	□なし
D　興味に偏りがあり、気持ちを推察する力が弱い傾向がある			
□高い	□やや高い	■低い	□なし
E　集中力が続きにくい、ケアレスミスがあるなどの傾向がある			
□高い	□やや高い	■低い	□なし
分析結果の信ぴょう性			
■高い	□やや高い	□低い	□なし
企業人としての適応可能性の評価			
他人とのコミュニケーションをあまり必要としない専門職であれば、適応の可能性がある。			

POINT　求職者の傾向が「高い」「やや高い」「低い」「ない」の 4 段階で分析され、総合した評価も見ることができる。

もう1つの②については、産業医の先生の助言により、傾向を把握しやすい特徴をまとめました（213、215、217ページ）。参考にしてみてください。

適性とあわない仕事に従事させたことで、採用したばかりの人が何らかの不調をきたし、休職するなどの予期せぬ事態に陥ってしまうことは、本人にも会社にも大きな損失です。

採用活動にかけた時間と労力を無駄にしないためにも、**事前にさまざまな角度から確認を実施し、双方にとってよい結果を導き出す**ことが大事になります。

中小企業は、社員1人ひとりの活躍がより業績に連動します。そのため「来た人をとりあえず雇う」採用方法にはリスクがあり、それが会社の業績を落とすこともあります。

働く人の特徴を理解し、どのように活躍してもらうかを適切に考えて実行することは、容易ではありません。

しかし、行き当たりばったりの採用ではなく、**持病などの求職者の健康状態についても事前に確認する**ことは、採用戦略の面でも必要不可欠な取り組みです。

面接時などでのチェックシートの例①

傾向	意欲や関心の低下、自己評価の低さ、睡眠障害の変化が見られる可能性がある
①	感情の起伏が乏しく、会話のトーンが低いように感じる
②	服装がきちっとしておらず、乱れているように感じる
③	ヘアセットやメイクへの関心が薄いように感じる
④	話していて、目があいにくいように感じる
⑤	話していて、断定的な言い方が多いように感じる
⑥	話していて、活気がないように感じる
対策例	●「どのような業務に従事してもらうか」ではなく、「どのようなコミュニケーションをとるか」が極めて重要。 →たとえば…… 「頑張ってね」⇒「頑張ってくれているね」 「期待しているよ」⇒「いつも〇〇してくれてありがとう」 など、「今後の期待」ではなく「過去を認める」ようなコミュニケーションが適している。

POINT このような傾向が見られる場合は、気持ちが不安定になっている可能性が高い。そのため、人事異動が少ない部署のほうがよい。

これまで紹介してきたようなバックグラウンドチェックを行ったとしても、入社後に業務的な問題やプライベートな問題などをきっかけに不調をきたし、休職するケースもあります。厚生労働省の2022年労働安全衛生調査によると、過去1年間にメンタルヘルス不調により連続1か月以上休業、または退職した労働者がいた事業所の割合は13・3%となっています。

そのため、「わが社は大丈夫」と楽観的にとらえるのではなく、休職者が出るケースも想定し、就業規則の休職規定については、あらゆる可能性を排除せずに専門家や産業医などにも相談しながら、今一度見直しておくことが大事です。

さて、現在、人手不足のなか、さまざまな人の活躍があることで会社が成り立っている状況が見られています。

最後に紹介するのは、精神疾患にともなう障害のある方が活躍する職場配慮事例です。

ある精神疾患にともなう障害のある方がいました。その方は、働く意欲があります。ただ、音や気温に敏感で、それが原因で不調をきたすことがあり、安心して働くためには職

面接時などでのチェックシートの例②

傾向	注意力の持続が難しく、多動性や衝動的な行動、計画を立てる能力が低い可能性がある
①	明るく社交的だが、会話で「いらない一言」を言ってしまいがちな印象
②	フットワークが軽く、ノリがよい印象だが、会話では話題がコロコロと変わる印象
③	話していて目線が動きやすいほうだと感じる
④	話していて、体がよく動き、極端に落ち着きがないように感じる
⑤	忘れ物が多そうな人だと感じる
⑥	時間を忘れて過度に集中してしまうことがあるように感じる（ゲームなど）
対策例	●「決まったタスクを決まった方法や手順で進める業務」に適している可能性がある。 →たとえば…… 変化が少ない定型業務、日次・週次で実施するルーティン業務、 入力業務、ライン作業業務、仕分けやピッキング業務など、 「臨機応変に対応する必要がある業務」ではなく「定型化されているような業務」が適している

POINT 「業務フローやマニュアルを作成して業務を仕組み化する」「指示系統を 1 本化する（指示は 1 人の人からにする)」といった取り組みも非常に効果がある。

場環境の制約がともないました。

さまざまな職場で働きましたが、自分に適した職場環境がある会社にはなかなか出会うことができず、同じ会社で長く働くことができずにいました。しかし、就職活動を続けるなかで、今まで職務経験がない事務職の求人を見つけて応募しました。

面接時に自分の状況をしっかりと会社に伝え、何度か面接を繰り返したあと、職場体験からスタートすることで会社と合意し、就業することになりました。

会社としては人手不足でしたので、可能な限り、その方の要望にあわせて就業環境を整えました。「電話の音があまり聞こえないデスクで業務を行う」「昼の休憩とは別の休憩を1回10分程度取得」「コミュニケーションを取るのは特定の人（1～2人）に限定する」といったもので、事務職は未経験でしたがパソコンが好きだったこともあり、仕事をどんどん覚えていきました。その結果、今現在、その会社で就業5年目を迎えています。

面接時などに双方がしっかり向きあったことで、よい結果につながった好例といえます。

面接時などでのチェックシートの例③

傾向	コミュニケーションの困難さ、興味の狭さが見られる可能性がある
①	雑談や複数人で話す際、会話しづらい印象を受けた
②	感情の起伏がわかりにくい印象を受けた
③	話題によってくいつき方が違い、趣味の話や好きなものの話を専門家なみにくわしく語れる傾向がある
④	計算や理系的な能力が非常に高いように感じる
⑤	聴覚より視覚による情報処理の記憶のほうが得意なように感じる
⑥	ヘアセットやメイクへの関心が薄いように感じる
対策例	●「専門性を追求する業務」に適している可能性がある。 →たとえば…… プログラミング業務・データ分析、基礎研究・製造技術開発・電子機器設計など、 「コミュニケーション力を活かした成果」ではなく「専門性を追求して成果を出す」ような業務が適している。

POINT 上記のような傾向が見られたとしても、コミュニケーションが取りにくいのではないことに注意。また、「特定の分野を追求していくようなキャリア向きの傾向がある」こともポイント。

おわりに

日ごろ、中小企業の労務や人事などをサポートするなかで、常々**「人ほど難しい問題はない」**と思っています。

本書で記載した「組織内分析の結果、驚くような会社の課題を突きつけられた」「高額な採用コストをかけて採用したが、すぐに辞めてしまった」「体調を崩して休職してしまった」などの事例は、読者の皆さんも1つくらい経験されたことがあるのではないでしょうか。恥ずかしながら、私たちも過去に何度も経験したことがありました。

最近、退職代行サービスが増加した背景として、「入社前に聞いていた情報と異なる」と感じる人材が多くなったことにある、という記事を目にしました。

もしかすると採用難である今、企業側は採用を成功させるために、気づかないうちに少し背伸びをした伝え方をしてしまっているのかもしれません。そういった意味では、**採用におけるミスマッチを自ら招いている**可能性も否めません。

反対に、「求職者側から聞いていた話が実際とは異なる」といった会社側の意見もあるでしょう。

さらなる人手不足により、このような傾向が加速するのであれば、いつまでたっても双方が「聞いていた話と違う」といったミスマッチは、なくならないように思います。

ミスマッチが起きる原因は、会社と求職者の双方にあります。そのため、可能な限り事前に情報を開示するなど、双方でミスマッチをなくすための努力をすることが大事です。

絶対的な解決方法はありませんが、人間関係の構築と同じで、「両者（企業と求職者）が少しでも本音で話しあわなければ、こうした問題を解決することはできないのではないか」そう考えたことがきっかけで、本書で紹介した「リファレンスリクルート」に至りました。

また、人に焦点を当てて考えたとき、会社組織は人の集まりなのですから、求職者だけに目を向けるのではなく、**会社組織にも目を向けなければ本末転倒になる**とも考えました。

人がそれぞれ違うように、会社組織もそれぞれに違います。

会社の成り立ち、経営理念、風土、働いている人たち、そして会社の成長に欠かせない人に関すること、たとえば職場環境、労働条件、人事や教育の制度設計、採用戦略なども、個々の会社によってさまざまです。

だからこそ、通り一辺倒のことを行うのではなく、求職者だけに目を向けるのではなく、**会社組織にも焦点を当てて、「組織内分析（組織リファレンス）」を実施して自社の強み・弱みを客観的にとらえ、改革を進める**ことが大事です。

そしてそれが、**採用活動の成功はもとより、会社の成長にもつながる**と確信しています。

本書を出版するにあたり、たくさんの方々にお力添えをいただきました。深く感謝申し上げます。ありがとうございました。

本書を手に取られた方の一助になれば幸いです。

著者

著者　宮本 宗浩（みやもと むねひろ）
社会保険労務士に合格後、大阪中央労働基準監督署にて企業や従業員からの労務相談業務に2年間従事。その後、社会保険労務士事務所で活動。2010年に社会保険労務士法人 中小企業サポートセンターを設立し、代表を務める。北海道から沖縄まで全国に顧問先を持ち、のべ約1,000社の労務管理をサポート。商工会議所・業界団体など採用や労務に関するセミナーにも登壇。「具体的かつ実践的でわかりやすい」と好評を得ている。採用ミスマッチ防止システム「Refer-rec.」、組織改革ツール「innovation cloud」の開発・販売を行っている株式会社CSC innovationの代表取締役に2020年就任。

共同執筆　奥田 真弘（おくだ まさひろ）
美容メーカーで営業職として従事した後、人事コンサルティング会社である株式会社あしたのチームへ転職し、大阪支社長として勤務。2017年に人事コンサルティング事業を運営する株式会社Dotsを設立し、代表を務める。社会保険労務士法人 中小企業サポートセンターでも、中小ベンチャー企業を中心として採用・教育・評価・処遇に関するサービスを提供し、支援社数は、のべ約500社におよぶ。株式会社CSC innovationの取締役に2020年就任。

人材不足《じんざいぶそく》をこの1冊《さつ》で解決《かいけつ》！　採用《さいよう》の強化書《きょうかしょ》

2024年7月5日　初版発行

著者／宮本《みやもと》 宗浩《むねひろ》

発行者／山下直久

発行／株式会社KADOKAWA
〒102-8177　東京都千代田区富士見2-13-3
電話 0570-002-301（ナビダイヤル）

印刷所／株式会社KADOKAWA

製本所／株式会社KADOKAWA

●お問い合わせ
https://www.kadokawa.co.jp/（「お問い合わせ」へお進みください）
※内容によっては、お答えできない場合があります。
※サポートは日本国内のみとさせていただきます。
※Japanese text only

定価はカバーに表示してあります。

ISBN 978-4-04-606679-4　C0034

◆◇◇